산문집

생각의 바다
바다의 생각

박명섭

法 文 社

머리말

2020년 8월에 아시아프의 출품작을 살펴보다가 우연히 이 책의 표지 그림 <몽환의 광안리>라는 제목의 수채화를 봤다. 아시아프의 개최 취지에 공감해 한 작품을 사야겠다고 생각했는데, 이 그림을 보자 '이 작품은 나를 위한 그림이다! 내가 주인이어야 하는 그림이다!'라는 생각이 들었다.

70년대 초 그림의 오른쪽 부근에서 보트를 타다 뒤집힌 일, 70년대 후반 조그만 요트를 타고 해운대로 향하다 전복된 사고, 90년대 초에는 매일 새벽에 그림의 왼쪽에서 오른쪽으로 조깅하던 날들 모두가 추억으로 남아 있다. 그림 속의 황령산은 정말 자주 올라다녔다. 새벽에 집을 나와 황령산 사자봉에서 광안리 바다를 내려다보며 생각의 바다에 빠지기도 했다. 황령산을 거쳐 경성대 정문을 지나 직장인 부산수산대(지금의 부경대)로 출근했다. 그 산 너머 뒤쪽엔 조부님이 잠드셨고, 소년기와 청년기를 보낸 산 너머 북쪽의 마을이 떠올랐다.

여태 내가 소장하고 있는 바다 그림들은 바다를 마주 보며 그려진 그림이다. 먼 바다를 등지고 그린 이 그림은 한눈에 광안리 해변임을 알게 해줘 확 끌려버렸다. 다른 사람은 이 그림의 가치가 별로일지 몰라도, 서울에서 살고 있는 내가 느끼는 이 그림의 가치는 정말 크기에 망설임 없이 주인이 되기로 했다. 작가가 <몽환의 광안리>라는 제목을 붙였는데, 나에게는 광안리 근처에서 살았던 20년이 몽환적인 시절이 아니었을까!

그렇다. 나의 바다는 광안리이다. 송정도 빼놓을 수 없는 나의 바다이다. 어린 시절 부전역에서 부모님과 기차 타고 여름마다 갔던 송정은 소년기의 바다였고, 광안리는 청년기와 장년기의 바다였다. 이상하게도 50대 후반 이후에는 송정이 더 다가왔다. 광안리와 송정 바다에서 많은 생각을 했다. 바다를 보면서 바다의 생각이 뭘까 하는 상념을 하면서 글로 적어 보기도 했다.

1983년 3월 옛 부산수산대에 초임된 이후, 부경대와 성균관대에서 학생지도와 연구생활을 했다. 그 사이 영국, 미국, 일본 등에서 연구생활을 할 때도 바다는 늘 나와 가까웠다. 바다의 사회과학적인 분야를 주로 연구해왔기에, 몸은 육지에 있어도 마음은 늘 바다에 있었다.

이 책은 그동안 대학 신문, 경향의 여러 신문과 잡지 등에 기고한 글들을 모아 정리한 것이다. 대체로 바다와 관련된 글들이 대부분이다. 나의 석사 및 박사학위 논문의 연구 주제가 모두 해운산업이었다. 사회과학 전공자는 독수리 같은 눈과 잠자리 같은 눈으로 자기 분야의 사회 현상을 보면서 글을 써야 한다고 생각해 왔다.

이 책은 크게 해양수산 분야의 칼럼, 무역통상 분야의 칼럼 그리고 일반 산문으로 구성되어 있다. 현재의 관점에서 보면 시대에 뒤떨어지는 내용도 일부 있을 것이다. 하지만 발표 당시의 현황과 지금은 어떻게 바뀌었는지를 재고해 볼 수 있는 기회가 될 것이다.

약 36년간 발표했던 논문 이외의 글들을 찾기는 쉬운 일이 아니었다. 지금도 못 찾아 아쉬운 글도 있다. 특히 옛 부산수산대 교수 시절의 1986년 여름에 약 2달간, 원양어업 실습선 새바다호에 승선했던 경험을 기록한 '선상 일기'는 도저히 찾을 수가 없었다.

오래전에 발표한 글들을 다시 읽어보니, 부끄러운 면도 있다. 당시 나의 생각이 이랬구나, 왜 이런 생각을 했을까 하는 생각을 많이 했다. 이 책에 나오는 글 중에서 따로 명기한 3편의 글은 내자의 글이다. 1983년 결혼 이후 뱃사람도 아니면서 배 타고 해외로 나가거나, 생각의 바다에 빠져, 대화나 일상생활에서 불편을 끼쳐도 묵묵히 내조해 준 내자 덕분에, 이런 졸문이라도 쓸 수 있었다고 생각한다. 최근에 연구와 강의에서 손을 뗀 내자의 글 3편을 찬조 기고 형식으로 게재했다.

1975년 3월에 대학에 입학한 이래 여태까지 대학을 떠나 본 적이 없다. 45년이 넘게 내 인생에 관계했던 대학들은 성균관대학교, 부산수산대학교, 부경대학교, 영국 리버풀대학교, 일본 코베 대학, 미국 오클라호마 주립대학 등이다. 이렇게 한국, 영국, 미국 및 일본 등에서 공부하고, 연구·강의를 할 수 있게 지원해 주신 부모님과 가족, 지도 교수로서 연구자의 길로 이끌어주신, 故 한동호, Sidney Gilman, 宮下國生 선생님뿐만이 아니라 한국연구재단, USIS, Lloyd's Register, Overseas Research Scholarship, 일본국제교류기금 등의 기관에 감사를 표한다.

그동안 수많은 생각이 떠오르고, 그 생각이 글이 되고, 그 글이 인쇄되어 발간되는 과정에서, 함께해 준 여러분들의 도움을 받았다. 마지막으로 이 책을 출간하는 데 격려와 지원 그리고 노고를 아끼지 않은 김경우 박사, 김성국 박사, 신수용 박사, 윤재웅 박사, 이승재 박사, 허윤석 박사, 홍란주 박사와 마지막 제자 박현혁 군에게 고마움을 전한다.

2021년 10월 3일

바다를 생각하며

박명섭

박명섭 교수의 정년퇴임 기념 산문집에 부치는 글

"이 그림은 나를 위한 것이야."

어느 날 꿈결처럼 받은 전화에서 나의 친구 박명섭 교수는 들뜬 기분을 숨기지 않았다. 본문에서도 밝히고 있지만 '몽환의 광안리'라는 그림이다. 정말 그랬다. 이 그림의 가치야 논외로 하더라도 이 그림은 박명섭 교수의 정체성, 혹은 청년기를 거쳐 성인으로 발돋움하던 기억의 저편을 불러내기에 족했다. 바다 옆에서 태어나, 바다와 희로애락을 함께 하다, 결국에는 그 인생의 공부마저 바다에 걸어버린 그 사나이. 그는 바다의 사나이, 마린 보이다.

기억을 되돌리면 그는 키다리 아저씨였다. 초등학교 시절, 내 옆을 맴돌던 아니 내가 그 옆을 맴돌던 그는, 당시로서는 비교할 수 없었던 큰 키를 자랑했던 그는, 純情(순정)의 꼬마였다. 정년퇴임을 앞둔 박명섭 교수를 꼬마라고 부를 수 있는 나도 행복하고, 반백의 자신을 꼬마라고 부를 수 있는 친구를 가진 박명섭 교수도 행복하다.

새삼 말하는 것이지만, 그 마린보이, 그 꼬마가 이제 인생의 한 고비를 넘는다. 65세의 나이는 정말 아무것도 아니다. 하지만, 1983년 부산의 수산대학으로 내려가 바다를 연구하고, 바다를 가르치고, 바다에 봉사한 지 39년, 그 세월은 정말 인고와 절치부심 혹은 대장정의 기간이었다. 잠시만 시간을 내어 박명섭 교수의 이력을 한

번 훑어보라. 자질구레한 대외봉사야 그렇다 하더라도 그가 국내외 학술지에 기고한 논문들과, 그가 번역한 외국의 저작물, 그가 집필한 책들, 그리고 이력에는 드러나지 않는 그가 키운 무수한 제자들. 정말 가치가 있는 것은 이런 것이다. 진부한 표현일지 모르지만 시간과 노력과 영혼을 갈아 넣은 것이다.

하지만 나는 안다. 이 바다의 사나이가 그 바다에 대한 지식과 경험을, 이 사회를 위해, 이 사회가 조금 더 앞으로 나아가기 위해, 펼칠 충분한 기회가 주어지지 않았다는 것을. 노력하지 않은 것은 아니었지만, 누구나 아는 바와 같이, 그 기회는 여러 다른 요인에 의해 결정되는 것이다. 미안한 이야기일지 모르지만, 그가 조금 더 일찍 서울로 올라갔었더라면 하는 생각을 지울 수 없다. 2002년, 그는 부산을 떠나 모교이기도 한 성균관대학교로 자리를 옮긴다. 40대 중반의 나이. 젊은 나이도, 너무 많은 나이도 아니지만, 서울을 중심으로 움직이는 이 대한민국의 네트워크에 살짝 늦게 몸을 담근 것이다. 어떻게 아느냐고? 2003년 나는 박명섭 교수보다 1년 늦게,

그와는 반대로, 서울에서 부산으로 내려왔다. 부산에서의 20년 가까운 생활은, 거리를 두고 서울과 대한민국을 바라보는 것이었고, 그래서 그의 능력과 노력이 미치지 못하는 그림자를 알 수 있었다.

박수를 보낸다. 그 모든 것에도 불구하고, 그가 40년에 가까운 교수 생활을 통해 이룩한 모든 업적과 성과에 두 손 모아 박수를 보낸다. "정말 열심히, 정말 잘했어요." 그리고 한편으로는 서운해 할지 모르는 그의 무의식의 한 편에 위로의 말을 보낸다. "괜찮아, 정말 괜찮아. 기회는 다른 형태로 다가오는 거야."이 책에 실린 그의 산문들은 이런 박수와 위로의 두 색채를 띤다. 해양과 수산, 무역과 통상, 학회와 일상의 일들까지 시간을 거슬러 오르는 노(老) 교수의 글들에는 많은 감정이 숨겨져 있다. 독자들은 그 행간에 숨은 뜻을 헤아려 한편으론 응원을, 한편으론 격려를, 한편으론 축하를 보냈으면 한다.

소년이로학난성(少年易老學難成)

누구나 아는 말이다. 더 열심히 공부를 하라는 격려의 말이지만, 나는 박명섭 교수에게는 그 반대의 말을 하고 싶다. "이제 공부 그만하게나." 연구는 스스로 키운 후학들에게 물려주고, 이제는 정말 바다와 함께하는 사나이가 되었으면 좋겠다. 언젠가 스쳐 지나가듯 한 말처럼, 작고 경제적인 요트를 구해 광안리와 광안리를 넘어 태평양까지 항해하는 것도 좋고, 크루즈 여행을 하면서 바다를 화폭에 담아도 좋고, 그것도 아니라면 그토록 좋아하는 바다와 함께 할 수 있는 자그만 카페라도 열어 사람들과 함께 하는 것도 좋지 않을지.

초등학교 시절, 박명섭 교수의 집에서 찍은 두 코흘리개 사진을 아직 기억한다. 한 명은 이 글을 쓰고 있고, 한 명은 이 글의 대상이다. 그러고 보니, 부산과 서울, 영국과 미국으로 서로 떨어져 있었던 기간도 없지 않았지만 돌이켜보면 55년 이상을 서로 알아 온 셈이다. 누구 말대로 지겹도록 알아 온 셈이다. 하지만, 그래서 그가 괴로움에 시달릴 때는 말하지 않아도 그 이유를 짐작하고, 그가 기뻐 어쩔 줄 모를 때는 짐짓 자제하라는 눈길도 보낸다. 하하, 성인판 염화시중(拈花示衆)의 미소다.

우리 모두는 나이 들고 그리고 한 길, 죽음으로 나아간다. 65세가 넘어서는 그 죽음마저도 가볍게 받아들일 수 있는 길로 가는 것도 의미가 있지 않을지. 그러니 친구, 이제 2022년 8월 홀가분하게 모든 걸 털고, 자유롭게 이 세상을, 이 세상이라는 바다를 주유하지 않으려나!

아 당연하지, 부산에 내려온다면 몽환의 광안리에서 한잔 하세. 아, 그리고 이 산문집 출간 다시 한번 축하하네.

2021년 10월

부산대학교 경제통상대학 경제학부 교수
김기홍

웃으며 길을 걷다

海響 박명섭

상큼한 봄바람이 살랑거리는
아침, 저 키 큰 아저씨는
왜
나를 보고 웃지

분도 유치원 버스를 기다리며
재잘대는
유치원 소녀와
애 엄마를 보고
막내와 아내의 정겨운 모습이,

광남 초등학교
간다고
종종걸음을 하는 소녀를 보면
둘째의 해맑은 얼굴이,

남천여중 교복입고
지각할세라
급히 가는 소녀를
보고
큰 애의 앳된 모습이 떠올라,

항상
웃으며
아침에 걔네들을 바라본다.

그래서
웃으며 걷는
남천동 이 거리가
나는 참 좋다!

2017년 4월 11일

contents

차례

I 해양 · 수산 2~125

차례

Ⅱ 무역 · 통상 126~197

Ⅲ 일반 198~277

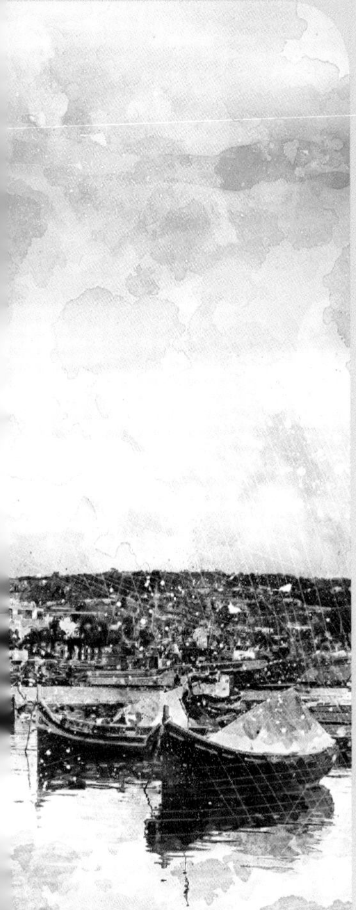

I

해양 · 수산

01~37

01
바다 사나이

우리나라는 3면이 바다로 둘러싸인 엄연한 해양국이다. 더구나 남북이 분단된 상황에서는 4면이 바다로 둘러싸인 섬나라와 무엇이 크게 다르랴. 육지의 3배나 되는 대륙붕과 1만 3천km의 해안선 그리고 풍부한 해중 식량과 해양광물자원을 품고 있다. 또 원양어업은 이미 기틀을 잡았고 멀리 남빙양까지 출어하고 있다. 뿐만 아니라 해운업은 무역량이 증대함에 따라 크게 발전하여 해운 강국들과 어깨를 겨루고 있다.

우리 역사와 바다라면 선뜻 떠오르는 것이 장보고와 이순신 장군이다. 서방세계의 바다를 바이킹이 주름잡고 있을 때 동방의 무역왕으로 군림하였던 장보고의 위업은 과소평가될 수 없다. 해권의 역사에 있어서 우리나라의 해권이 가장 강했던 기간은 위대한 바다의 왕자요 일세의 풍운아였던 장보고가 청해진을 설정한 흥덕왕 3년(서기 828년)에서 그가 염장에게 암살되던 문성왕 8년(서기 846년) 사이의 10여 년간이 아니었던가 싶다.

원인이 당시 일본 정부의 중국에의 조공사로 수행되어 서기 838년에 일본을 출범하여 847년에 귀국할 때까지 적은 일기인 「입당구

법순례기」에서도 당시 한민족의 우수한 해상활동과 장보고의 위업이 잘 나타나고 있다. 라이샤워 교수는 원인의 일기를 해설한 저서를 발간함으로써 한민족의 화려했던 해상활동을 세계에 부각시킨 적이 있다.

왜군이 부산에 상륙한 지 갓 보름 만인 임진년 5월 7일 옥포의 첫 전투에서 충무공은 적선 30척을 바다에 쓸어 넣었다. 20세기 초 동진하는 러시아의 발틱 함대는 일본 해군에 의해 격파되었다.

당시 일본 해군은 진해만에 집결해 있었는데 출전 시에 충무공의 영전에 전승을 빌었다는 일화가 있다. 당시 사령관 도오고는 자신을 영국의 넬슨과 견줄 수는 있어도 감히 충무공과는 비교가 안 된다고 하였다. 가히 바다의 왕자였음을 느낄 수 있다.

반도국이라 우리는 대륙적 기질과 해양적 기질을 한 몸에 함께 지니고 있다.

역사적으로 우리에게는 대륙성 기질이 해양성 기질을 압도해 왔던 탓으로 수난의 시절이 많지 않았나 하는 생각도 든다. 세계사적으로 볼 때 반도 국가는 해양강국이자 무역 강국이 되어야 할 숙명을 부여받고 있는 것 같다. 고대의 그리스, 중세 초 · 중기의 스칸디나비아 제국 중세말 · 르네상스 초기의 이탈리아 등은 그 생생한 실례라 하겠다.

반도 국가의 숙명을 맞이하기 위해서 이제라도 잠재되어 있는 해양성 기질을 다시 찾아야 하겠다. 바다를 지배하는 자가 세계를 지배한다는 말이 있지 않은가.

그러나 우리는 부지불식간에 해양의 중요성을 무시하거나 심지어 해양 정신을 천시하고 있지는 않는지. 산에 나무가 있어야 산다워지듯이 바다에는 배가 있어야 바다답다. 배는 어업과 해상운송의 물적 수단이다.

어선이든 상선이든 승선하고 있는 선원을 뱃사람이라 표현하기보다 배라는 단어 뒤에 사내의 낮은 말을 붙여 부르는 경우가 많다. 배를 천시하는 마음은 바다를 경원시하는 사고와 일맥상통한다 해도 지나치지 않으리라. 배는 영어로는 ship이다. gentlemanship, friendship, knightship 등의 단어가 있다. 배라는 ship 앞에는 거의 좋은 의미의 단어가 붙어있다. 여기서 우리는 서양에 비해 배를 천시하는 아니 나아가 바다를 멸시하는 의식이 잠재되어 있음을 알게 된다.

영국수상이 되겠느냐 퀸 · 엘리자베스호의 선장이 되겠느냐고 영국 소년에게 물으면 모두가 선장이 되기를 원한다는 얘기가 있다. 바다를 소중히 여기려는 그들의 마음가짐을 잘 보여주고 있다.

뱃사람들은 유람선을 타고 바다를 벗 삼아 노니는 것이 아니다. 폭풍우가 몰아치는 성난 파도와 싸우는 바다의 역군들이다. 강한 무쇠 팔뚝과 덥수룩한 수염을 그리고 마도로스 파이프를 물고 밤낮없이 고기떼를 쫓아다니는 바다 사나이에게 뜨거운 박수를 보내야 되리라.

이제 해양의 개념은 해상 운송만을 의미하는 것이 아니다. 수산 · 해운 및 해양 공학 등을 포괄하고 있다. 해양성 기질을 강하게 지니고 있는 우리 백경인이 한국해양 개척을 위한 최전선에서 역량을 발휘할 것이라는 것은 의심할 여지가 없다. 과거의 바다는 지중해도, 현재의 바다는 대서양이요 미래의 바다는 태평양이다. 백경인이여! 우리 미래의 바다인 태평양을 향해 우리 함께 돛달고 나가자.

수대학보, 1986. 09. 03.

02
존립 기반 흔들리는 수산업

수산업이 수입 자유화와 어자원 고갈 등 이중고를 겪고 있다. 수산업은 70년대까지만 해도 수출 주도산업으로 성장을 거듭했으나 80년대 중반 이래 매립 간척 사업과 해양오염 등으로 생산 여건이 날로 악화돼 왔다. 특히 UN 해양법협약 발효와 새로운 해양 관할권 설정, UR 협상과 수산물 시장 개방, 한일어업협정 등 최근 수년간 국제적 환경마저 급변, 국내 수산업을 위협하고 있다.

이런 와중에 올해도 도하 개발 아젠다 협상DDA이 진행된다. 협상 의제는 시장 개방 관련 의제와 규범 관련 의제 등이다. 전자에는 농업 · 서비스 · 비농산물(공산품, 임수산물) 문제가 포함되며, 후자에는 반덤핑 · 보조금 · 수산보조금, 지역 협정, 분쟁 해결, 투자, 경쟁 정책, 무역 원활화, 정부 조달 및 투명성 등의 문제가 해당된다. 협상 방식은 전체 협상을 하나의 묶음으로 간주, 모든 것이 합의되지 않으면 아무것도 합의되지 않는 일괄 타결 방식을 취하고 있다.

비농산물 시장접근 분야의 협상 일정을 보면 5월에는 비농산물 시장 접근 협상 방식을 확정할 계획이다. 수산물 시장 접근이 공산품, 임수산물과 함께 논의되는 이 비농산물 시장 접근 협상의 목표는 관세 및 비관세 장벽의 완화 내지 감축이다. 관세 인하로 수산물 수입 증가가 우려되지만 다른 나라의 관세 및 비관세 장벽의 완화에 따른 수출 여건의 개선도 기대된다. 협상 대상 상품 범위는 포괄적이어야 하고 사전적 제외가 있어서는 안 되는 것을 협상 목표로 삼고 있다. 그러나 우리 정부는 포괄적인 협상 목표에는 동의하지만 수산물의 특수성에 대한 고려가 필요하다는 입장을 견지하고 있는데, 바람직한 일임에 틀림없다.

수산물은 UR 협상에서부터 시장 접근 그룹에 포함돼 공산품과 함께 협상이 진행돼 왔기 때문에 타 분야의 협상 결과에 영향을 받는 것은 불가피한 일이다. 현재 거론되고 있는 일괄 선형 방식이나 공식 적용 방식, 부문별 협상 방식 중 어떤 방식에 의하든 관세 인하는 명약관화하다.

특히 미국은 수산물을 포함한 비농산물에 대한 모든 관세를 2015년까지 두 단계에 걸쳐 완전히 철폐하자는 과격한 제안을 내놓고 있다. 제1단계(2005~2010년)에서는 현재 5% 이하인 모든 관세를 철폐하며 그보다 높은 관세율도 모두 8% 이하로 인하하고, 제2단계(2010~2015년)에서는 2010년까지 잔존하는 모든 관세를 2015년까지 완전 철폐되도록 매년 균등하게 감축하자는 입장이다.

우리나라 수산업은 다른 국가에 비해 규모가 상대적으로 작긴 하지만 경제와 생활 양식에 중요한 역할을 하고 있다. 수산물은 우리 식생활에 있어 주요 단백질 공급원이 되고 있으며 1인당 수산물 소비량도 연간 4kg에 달한다. 또한 수산업에 종사하는 인구도 35만 명에 이른다. 어쨌든 수산물의 관세 인하는 우리나라 수산업에 큰 타격을 줄 수밖에 없다. 소비자 입장에서는 싼 수입 수산물을 먹을 수 있어 당장은 좋겠지만, 우리의 수산업이 황폐화될 경우 식량 안보 차원에서 걱정이 아닐 수 없다.

DDA 협상이 진행됨에 따라 수산물 무역 자유화는 더욱 신속하게 전개되는 것은 불가피할 것으로 예상된다. 하지만 이런 대외 개방이 수산업에 미치는 부정적인 영향을 최소화하기 위한 다각적인 노력이 요구된다. 수산물 협상은 공산품과 함께 비농산물 시장 접근 그룹에서 논의되는 관계로, 산자부 등 관계 부처 간에 이해가 상반되어 국외 협상뿐만 아니라 국내 협상에서도 어려움이 있다.

우선은 우리의 수산업이 그동안의 급속한 공업화 추진 과정에서 낙후되어 있다는 점을 직시하고, 수산물의 관세는 점진적으로 인하해야 한다는 관점에서 범정부적인 협력이 필요하다. 그리고 정부 당국뿐만이 아니라, 학계와 수산단체, 소비자 모두가 우리 수산업에 애정을 가지고 수산업의 존립을 위한 다양한 협상 전략을 수립하는 데 지혜를 모아야 할 것이다.

국제신문, 2003. 04. 01.

03
감천항을 경제특구로

정부가 부산을 당초 경제특구에서 배제했으나, 내년 초 부산에 경제특구를 지정하기 위한 작업을 추진하고 있다. 이에 부산시는 대저, 명지, 신호, 지사 등 서부산권 446만 평, 센텀시티 35만 평 그리고 동부산권 231만 평 등 모두 732만 평을 경제특구로 지정해 줄 것을 정부에 요청하고 있다.

경제특구는 기존 자치단체와는 차별적인 제도로 운영하여 외국인 친화적인 여건을 단기간에 조성함으로써, 외국 기업을 유치하는 것을 목적으로 한다. 부산시가 계획하고 있는 지역에는 어떤 외국 기업을 유치하고자 하는지 정확히 모르지만 아마 최첨단 산업일 것이다.

인천 영종도를 중심으로 하는 경제특구와 부산의 경제특구는 차별화되어야 한다. 부산의 핵심 전략 산업은 분명 해운 항만 물류 산업과 수산업이다. 요컨대 해운 항만과 수산을 중심으로 하는 동북아 해양 수산 비즈니스 중심지로 부산을 키우는 전략이 요구된다. 수년 전에 부산시에서 연구한 부산의 전략 산업에는 거의 모든 산업이 포함되어 있다. 이제 부산도 균형 발전 전략에서 선택과 집중으로 산업 정책을 바꿀 필요가 있다. 부산을 얘기할 때, 항도 부산이라고들 한다. 역시 부산은 항구 도시이다. 외국에는 도시로서의 부산Busan City보다는 항만으로서의 부산Busan Port이 더 많이 알려져 있다.

세계적인 항만 도시, 동북아 물류 거점 도시, 그리고 우리나라 국제 물류 산업의 수도가 부산이라는 점을 고려할 때, 김해 공항과 부산신항 배후 지역인 서부산권을 경제특구로 지정하는 것은 당연지사이다.

이에 덧붙여 감천항을 경제특구로 지정하는 방안을 검토하기를 제의한다. 부산에는 컨테이너나 무역화물만을 다루는 항만만이 있는 것은 아니다. 부산에는 전국 최고의 국제수산항이 있다. 바로 감천항이다. 동북아시아에서 국제수산물의 종합무역물류기지로서의 역할을 할 수 있는 곳은 전국에서 유일하게 감천항밖에 없다.

감천항에는 이미 약 3만 5천 평방미터의 원양 어획물 전용 부두가 건설되었고, 국제 수산물 종합보세구역도 있다. 뿐만 아니라 2004년을 목표로 수산물 유통가공 단지 조성 사업, 공영 수산물 도매시장 건설 그리고 국제 수산물 거래소의 설치를 계획하고 있다. 현재 거론되고 있는 국제 수산관련 사업으로는 원스톱 수산물 수출단지 조성 등이 있다. 한마디로 10여 년 전부터 감천항 개발 계획은 동북아시아의 국제수산물 무역 물류의 거점으로 육성하는데 초점을 두고 진행되어 왔다.

어장 환경의 악화, 어업경비의 증대 및 수산 보조금의 감축으로 우리의 수산업은 너무 어려운 상황에 처해 있다. 이에 수산물의 국제 유통과 물류에서 부가가치를 올리는 방향으로의 수산 정책의 패러다임도 필요하다.

21세기의 수산업은 인간 중심형의 수산업, 환경 중시형의 수산업, 그리고 네트워크형 수산업으로 나아가야 한다. 이런 점에서 감천항은 신新수산항으로 거듭나야 한다. 나아가 수산물의 물류物流, 수산물 관련 정보의 흐름情報流, 해양 수산 관광 · 레저를 즐기는 사람들의 흐름人流, 수산물 거래 관련 자금의 흐름金流에 있어서 동북아시아의 거점 기능을 발휘할 수 있는 신수산항이 감천항이 갖춰야 할 미래의 자세이다. 이를 위해 감천항을 경제특구 지정의 대상 지역으로 포함시킬 것을 제의한다.

부산일보, 2002. 05. 30.

04
선박 등록 특구와 부산

요즘 특구特區라는 용어가 인구에 많이 회자되고 있다. 우리 정부는 지난 4월 4일에 경제특구 지정 방안을 발표한 바 있다. 그리고 며칠 전에 북한에서는 신의주를 특별 행정구로 개발한다고 발표하였다. 남북한 모두가 이 특구 개발에 힘을 쏟고 있는 듯하다. 부산은 이들 특구를 어떻게 부산지역 경제 활성화로 연결시킬 수 있을까 하는 문제로 고심을 하고 있을 것이다.

우리의 경제특구 지정에는 부산을 가능한 한 많이 포함시키자는 문제와 신의주의 특별 행정구에 부산의 많은 기업을 진출시킬 수 있는 방안의 검토가 그것이다. 그런데 여기서 말하고자 하는 특구는 또 다른 특구인 선박 등록 특구이다.

지난 4월 1일부터 제주도가 선박 등록 특구로 지정되었다. 제주국제자유도시특별법에 따른 선박 등록 특구제가 현재 시행되고 있다. 제주도와 관련된 것이 부산과 무슨 관련이 있냐고 의아해 할 사람도 있을 것이다. 신의주의 특별 행정구가 부산보다 아니 부산권역보다 기업하기에 여건이 더 나으면 부산지역 기업들이 그곳으로 이전하고자 하듯이, 선사들이 부산보다 제주도가 해운업을 수행하는 데 더 유리하면 그곳으로 뭔가를 옮길 것이다. 선사들이 본사나 사무소를 옮기는 것은 아니지만, 최근 부산에 등록된 많은 외항선의 선적船籍항을 부산에서 제주도로 옮기고 있다.

보도에 따르면 부산항에 등록되었던 500톤 급 이상의 외항선 중 70%가 선박 등록 특구의 시행 이후에 선적을 부산에서 제주도로 변경했다. 이는 당연히 세금 때문이다. 한마디로 부산에 선적을 등록할 경우에 비해 제주도에 등록하면 드는 비용이 그야말로 푼돈에 불과한데, 그 누가 이를 막을 것인가.

이러한 선박 등록 특구제도는 편의치적便宜置籍 제도와 유사한 제도이다. 인건비가 싼 나라에서 선원을, 건조비가 싼 나라에서 선박 건조를, 융자조건이 좋은 나라에서 선박 건조 자금을 그리고 선박의 국적 등록 조건과 비용이 선사에 유리한 나라를 택해, 선박을 등록하면서 아주 다국적으로 해운 경영을 하는 것은 전 세계 외항 해운업계의 지극히 당연한 현상이다.

오늘날 기업은 경영에 가장 유리한 곳에서 필요한 생산 요소와 경영 자원을 아웃소싱하고 있다. 해운업계라고 예외일 수는 없다. 외항선사는 국적의 아웃소싱이랄 수 있는 편의치적 제도를 오래 전부터 적극적으로 활용해 왔다. 선박 등록비만 받고 선박의 관리에는 전혀 관여하지 않는 것이 편의치적이다. 이런 면에서 그나마 부산에 선적을 두었던 외항선이 해외로 선박을 치적하지 않고 제주도에 등록한 것만으로도 다행이라고 할 수 있다.

제주도는 글로벌 물류 네트워크의 측면에서 볼 때 앞으로 국제 물류 중심지로서의 역할을 수행하기는 어려울 것이다. 필자는 오래전부터 부산은 제주도의 국제 자유 도시 특별법을 예의 주시해야 한다고 말한 바 있다. 그동안 부산은 광양항만 쳐다보아 온 것은 아닌지. 사전에 이 법의 선박 등록 특구에 관한 내용을 읽어본 해운 전문가라면, 이러한 제주도로의 선박 등록 변경은 누구나 예상할 수 있었을 것이다.

부산은 여태 거두어왔던 연간 수십억 원에 이르는 선박 등록세와 재산세 등 지방세 손실을 입을 것이다. 또 국적 외항선들의 선적항 이전으로 동북아 허브 항으로서의 위상에도 좋지 않은 영향을 받을 것으로 우려된다.

필자는 우리나라 해운선사들의 국제 경쟁력 제고를 위해서는 제주도와 같이 특정 지역만을 대상으로 하는 선박 등록 특구제보다는 예외 없이 세제 혜택의 적용을 받을 수 있는 선박 등록 제도로 바꿀 필요가 있다고 생각한다.

부산도 제주도처럼 선박 등록 특구로 하자는 주장도 나오고 있다. 하지만 부산항, 인천항 등 모든 무역항을 현재의 제주도와 같은 선박 등록 특구로 만드는, 특구 없는 새로운 선박 등록 제도를 모든 무역항에 도입할 것을 주장하고 싶다.

국제신문, 2002. 09. 25.

05
감천을 수산 전문항으로

세계 식품 시장의 자유화에 따라 식품 교역은 앞으로 크게 증가할 것으로 예상되고 있다. 이에 따라 세계 각국은 식품의 수출 경쟁력을 확보하고 동시에 자국 국민에게 건강과 안전한 식생활을 제공하기 위해 새로운 위생 관리 제도의 도입을 서두르고 있다.

특히 WTO 체제하의 무역 자유화 논의가 조기 자유화의 실현 및 확대·강화라는 방향으로 추진되고 있는 상황에서 식품의 안전성 확보 문제는 세계 각국의 긴급한 정책 과제로 대두되고 있다. 식품에 관한 '위생 조치'는 과거 GATT 체제에서는 예외로 취급되는 등 수입국의 비관세 장벽으로 이용되기도 했다. 또 이 위생 조치에 대한 국제적인 감시·감독이 실질적으로 매우 곤란한 실정이기도 했다.

그러나 식품의 위생 조치는 과학적 원리에 근거하여야 한다. 이에 따라 수입 상품의 차별적인 취급을 금지해야 한다는 '위생 및 식물 위생 조치의 적용에 관한 협정SPS협정'이 WTO 체제의 출범과 함께 1995년 1월 1일자로 발효됐다.

이 SPS협정은 인간, 동물 또는 식물의 생명 및 건강을 보호하기 위해 정부가 취하는 조치, 즉 SPS 조치가 국제 무역에 최소한의 영향을 미치도록 하는 데 그 목적이 있다.

SPS협정은 각 회원국들이 각자 적합하다고 생각하는 생명 및 건강 보호 수준을 정하고 이를 확보하기 위한 조치들을 선택, 시행할 수 있는 고유한 주권적 권리를 보장하는 것을 주요 내용으로 하고 있다. 또 이러한 주권적인 권리의 행사가 국제 무역에 불필요한 장벽으로 행사되지 않도록 하는 등 이중의 목적을 가지고 있다.

한편 90년대 중반 이후부터 가공 수산물에 대한 수요가 급증하여 우리나라에서도 수출이 증가 추세에 있었으나 몇 년 전부터는 경기 침체에 따라 점차 감소하고 있는 실정이다. 특히 최근엔 주요 수입국들이 수산물에 대한 위생 기준의 적용을 강화함으로써 수출의 길이 더욱 어려워지면서 수출 물량의 추가적인 감소가 발생하고 있다. 예를 들어, 위생 기준의 강화에 의해 국내에서 수출된 수산물들이 자국의 위생 기준을 충족하지 못한다는 이유로 반송되는 사례가 증가하고 있는 것이다.

2001년 수출되었다가 다시 반송된 수산물의 규모는 건수로는 64건(99년 81건), 물량으로는 417톤(99년 608톤) 그리고 금액으로는 약 1백74만 달러(99년 2백52만 달러)에 이르렀다. 특히 2000년부터 전체 수산물 수출이 감소하고 있음에도 불구하고 반송 사례가 줄지 않는 점은 우리의 주력 수산물 수출 시장에서 위생기준이 더욱 강화된 탓으로 분석된다.

SPS협정에 따르면 수입국은 적절한 과학적 근거가 입증되는 경우, 위생 및 식물위생과 관련된 국제 기준을 채택할 수 있으며 이에 따른 수입규제는 협정상 용인되고 있다.

또 과학적 정당성이 입증될 때는 수입국은 수출국뿐만 아니라 관련 국제 기준보다 더 높은 수준의 기준을 부과하는 조치도 채택할 수 있도록 규정되어 있다. 하지만 열악한 환경에서 조업을 하고 있는 우리 수산물 가공 중소기업체들은 주요 수출물 시장인 선진국의 높은 식품위생기준을 맞추는 데 어려움을 겪고 있다.

따라서 수산물 원료조달, 수산물 가공생산 및 가공 수산물의 수출을 동시에 수행할 수 있는 원스톱 수산물 수출단지를 감천항과 같은 주요 거점 수산항에 조성할 필요가 있다. 이 단지에 기존의 중소 수산물 가공 업체를 입주시키고, 단지를 조성할 때 규격화된 위생 시설들을 구비할 수 있도록 해야 한다. 그렇게 되면 현재 심화되고 있는 위생 기준을 통한 수산물 무역에 있어서의 비관세 장벽 문제가 상당 부분 해소될 수 있을 것이다.

이번 대선에서 누가 당선이 되든 부산항에 대한 장기적 비전과 함께 감천항을 수산물 거점항으로 육성 발전시키는 마스터플랜을 세워주기를 기대해 본다.

국제신문, 2002. 12. 13.

06
한국해양비즈니스학회

학회 홍수 시대에 또 무슨 학회란 말인가. 최근 다소 이색적인 '한국해양비즈니스학회'의 출범을 보고 이 같은 생각이 스치면서 이 학회의 '실체'에 대한 궁금증을 누를 수 없었다. 그래서 이 학회 초대 회장을 맡은 박명섭(46) 성균관대 경영학부 교수를 만났다. 우선 유사한 기존 학회와 어떻게 차별화된 분야를 연구할지에 대해 물었다. 대답은 의외로 명쾌했다.

"지금까지는 해운과 수산 분야가 별도로 다뤄져 왔습니다. 이래서는 종합적인 접근이 어렵다는 생각을 오래전부터 해왔습니다. 그래서 바다와 연관된 산업과 이에서 파생된 정책적인 문제들을 유기적으로 다루고자 하는 것입니다."

이 같은 학회 활동을 통해 해양 자원의 보존이나 관리라는 측면까지 고려한 바다의 효율적 이용에 기여하게 되는 게 박 교수의 바람이다. 말하자면 바다 위의 해운, 바다 속의 수산, 바다 밑의 해양 광물 자원 등을 함께 연구한다는 것이다.

– 그렇다면 한국해양비즈니스학회가 다루게 될 구체적인 분야는 어떤 것들 입니까.

"해양 수산 분야에 대해 사회과학적인 연구를 해온 전문가들과 만나 그동안 의견을 나눠왔습니다. 연구 분야는 크게 나누면 해운, 수산, 해상보험, 해양관광, 해양정책, 해사법규 등이 될 것입니다. 이 같은 과정을 통해 장보고의 해양비즈니스 전략을 현대적으로 조명해 볼 수도 있을 것입니다."

그는 해양수산부 발족 이래 해운 · 수산정책이 통합적으로 추진되고 있고, 관련 연구소도 한국해양수산개발원KMI으로 일원화돼 있지만 학계의 연구는 각 분야가 별개로 진행되고 있는 점을 아쉬워했다. 그는 그러면서 산 · 관 · 학 · 연 협동 체제 구축이 필요하다고 강조했다.

– 연구 분야를 구체적인 예를 들어 설명해 주시지요.

"유조선의 유류 오염 문제가 그 좋은 예입니다. 선박의 기술적인 안전 관리도 중요하지만 선박의 국적 등록과 해운업의 경영 문제에서 비롯된 사고도 많다는 겁니다. 이 경우 제도 및 관리 측면에서 사고 발생을 줄이는 방안을 제시할 수도 있겠지요."

해양비즈니스학회는 유류 오염 보상 제도에 관한 연구에도 관심을 쏟을 계획이다. 박 교수는 1995년 여수 앞바다에서 발생한 시프린스호 유류 오염 사고 당시 보상처리 감정에 참여하기도 했다.

– 해양자원 문제에 대해선 어떤 생각을 갖고 있습니까.

"바다에서 일어나는 국제 통상 문제도 소홀히 할 수 없지요. 배타적 경제 수역으로 인해 어장이 줄어들면 농민이 농토를 잃는 것과 같습니다. 해양 자원 관리나 어업 협정 문제도 학회의 연구 과제로 다뤄질 것입니다."

– WTO 체제 아래서 수산물에 대한 관세 인하가 논의되고 있다지요. 우리 수산업에 대해선 어떤 영향을 미칠 것 같습니까.

"수년 내로 수산물에 대한 대폭적인 관세 인하가 이뤄질 게 분명합니다. 그 경우 수산물이 대량 수입되는 등 국내 수산업의 존립이 위태로울 수도 있어요. 이 같은 환경 아래서 수산업의 비즈니스 전략을 모색하는 것도 학회의 과제가 돼야지요."

박 교수는 최근 스위스 제네바에서 열린 'WTO 비농산물 시장 접근 협상 회의'에 정부 대표단으로 참석했다.

국민일보, 2003. 05. 06.

07
경부고속철과 크루즈

경부고속철도 시험 운행 인터넷 공모에 운 좋게 당첨돼 얼마 전 KTX를 타고 부산을 방문하는 기회를 잡았다. 오후 1시 7분 용산역을 출발한 KTX는 정확하게 3시간 만인 4시 7분 부산역에 도착했다. 이어 택시로 10분 만에 최종 목적지인 국제여객부두로 갈 수 있었다. 그동안 경부선 열차를 수없이 이용했지만 가장 빨리 부산에 도착한 날이었다.

KTX를 처음 탄 날은 부산지역 해양 관광 활성화를 위한 '선상 세미나'가 오후 5시로 예정돼 있어 당초 비행기로 내려갈 계획이었다. 그러나 신문을 통해 시험 운행이 같은 날에 있다는 것을 알고는 컴퓨터 앞에 앉아 폭주하는 인터넷 접속자 속에서 행운을 잡았으니 새삼 부산과의 인연을 생각하지 않을 수 없다.

사실 필자는 오래전부터 고속철 개통이 부산 경제에 어떤 영향을 미치게 될 것인가에 대해 많은 생각을 했다. 많은 사람들은 부산에서 서울까지 불과 3시간이면 갈 수 있으니 얼마나 좋으냐고 말한다. 하지만 꼭 그렇게 볼 수만은 없는 노릇이다.

오히려 고속철도 개통이 부산 경제가 수도권에 더욱 종속되는 계기로 작용하지는 않을까 우려하는 시각도 있다. 수도권에 기반을 둔 거대 자본이 부산에 진출할 기회가 더 많아질 수 있기 때문이다. 새로운 첨단 운송 수단이 개통되면 상대적으로 경제력이 막강한 수도권이 왜소한 지방의 돈과 사람, 화물 그리고 지식 정보를 빨아들이는 '빨대' 역할을 할 가능성이 매우 높다. 부산의 지역적 특성에 비춰 화물이야 수도권으로 빨려 올라갈 일은 없다. 하지만 나머지 부분은 안심할 수 없다는 것이 물류 학자들의 대체적인 생각이다.

그렇기 때문에 이제 부산시는 경부고속철이라는 빨대로 서울의 돈과 사람을 부산으로 끌어올 수 있는 대책을 세워야 한다. 가장 확실한 것은 아무래도 바다다. 해양 관광을 활성화하면 된다. 서울에서 KTX로 부산 국제여객부두까지 3시간 남짓 걸렸다. 오후 5시 조금 지나 3시간여 동안 한일 간을 운항하는 여객선 '팬스타 드림'호를 타고 부산항 외해로 나가 몰운대의 낙조와 광안대교의 야경을 감상할 때 선상에서 흘러나오는 색소폰 연주는 환상적이었다.

광안대교 건설 당시 이 다리가 광안리 앞 바다를 답답하고 꽉 막힌 경관으로 만들지나 않을까 많은 걱정을 했다. 그런데 광안리 백사장에서보다 외해에서 보는 광안대교 야경이 훨씬 매력적이었다. 광안대교는 광안리 일대 상가의 네온 불빛 등과 어우러져 '바다를 더욱 바다'답게 만들고 있었다. 그날 부산항 '항내 크루즈' 상품 개발에 대한 수준 높은 발표가 있었다. 하지만 2시간이 걸리는 '연안 크루즈'에 덧붙여서 부산이 주도하는 '국제 크루즈' 상품 개발도 절실하다고 본다. 크루즈란 항해 기간이 2일에서 수개월에 이르는 해상 관광 유람선 사업이다. 이 사업의 성공 여부는 △선박의 쾌적성(선내 시설, 선상 이벤트) △출발 항만의 조건 △항해 기간 등에 좌우된다.

부산은 누가 뭐래도 해양도시다. 공항 확충도 시급하지만 새로 개통되는 고속철을 통해 부산에 더 많은 돈과 사람이 모이게 하려면 바다를 활용해야 한다. 고속철로 부산에 내려오면 크루즈를 타고 일본 · 중국 · 동남아는 물론 유럽이나 카리브해까지 갈 수 있어야 한다. 그렇게 되면 소위 '웰빙'을 추구하는 많은 사람들이 부산으로 몰려들 것이다. 여행은 항공기가 아니라 크루즈로 하는 것이 제격이다.

그날 선상 세미나에서 부산시 · 부산해양청 · 부산항만공사 등 지역 유관 기관들이 해양관광 활성화를 위해 합심하겠다는 의지를 밝힌 것은 다행이다. 이제 부산경제 발전에 필요한 크루즈 산업 육성을 위해 행정 기관은 물론 해운업계가 머리를 맞대고 적극적인 전략을 세워야 한다.

내일이면 경부고속철이 정식으로 운행된다. 고속철 개통을 계기로 부산이 동북아의 물류 중심항뿐만 아니라 세계적인 호화 유람선의 기항지로도 부상하기를 기대해 본다.

국제신문, 2004. 03. 31.

08
수산업, 수급중심 정책 전환 필요

제9회 바다의 날(31일)이 며칠 안 남았다. 해양은 지구상의 마지막 개척 영역이다. 바다는 지구상 동식물의 80%가 분포돼 있을 뿐만 아니라 막대한 에너지·광물 자원의 보고다. 세계 교역량의 75%에 달하는 화물의 운반로이기도 하다. 우리나라는 해양국가로 발전할 입지 조건을 갖추고 있다. 동북아시아의 중심에 있고 넓은 갯벌과 대륙붕이 잘 형성돼 있어 해양 자원도 풍부한 편이다. 그러나 우리 수산업은 큰 어려움에 처해 있다. 1990년대 초반 이후 수산 자원 감소와 어업 경쟁력 저하로 수산물 수출은 답보상태에 머물러 온 반면 수입은 최근 들어 급격하게 증가하고 있다. 이에 따라 수산물 무역 수지는 2001년부터 적자로 돌아섰다.

전 세계적으로 수산 자원은 지나친 남획과 환경오염으로 자원량이 감소하는 추세다. 우리나라 역시 자원 고갈, 원양 어장 상실 등으로 어획량이 모든 어업 부문에서 감소하는 경향을 보이고 있다. 대규모 매립과 간척의 지속적인 추진, 한일 어업 협정 및 한중 어업 협정 등으로 어장은 양적, 질적으로 줄어들고 있다. 어업 노동력의 고령화와 양적 감소는 수산업을 더욱 어렵게 하는 요인이다. 세계무역기구WTO와 경제협력개발기구OECD 등에 의한 수산물 수입 자유화 및 수산 보조금 지원 축소는 어업 경영 수지를 더욱 악화시키고 있다. 특히 원양어업의 경우 유엔 해양법 협약 발효로 어장이 축소돼 해외 어장 개척 및 어업 투자가 적극적으로 이루어지지 않는 한 생산량 감소는 불가피할 것으로 예상된다.

따라서 이러한 세계 수산정책의 흐름 속에서 수산업을 지속 가능하도록 유지하면서 수산업의 특수성을 반영할 수 있는 정책을 강구해야 할 필요가 있다. 지금까지 국내 수산 정책은 생산성 및 공급량 증대를 강조한 측면이 있었으나 생산성 증대는 오히려 가격 하락과 함께 어가 소득 감소라는 '성장과 소득의 괴리' 현상을 불러왔다. 따라서 앞으로는 생산 중심에서 수급 중심으로 수산 정책 전환이 필요하다.

최근 국제기구에서 보조금 감축, 어획능력 조정, 시장 자유화에 관한 논의가 이루어지고 있음을 고려할 때 수산 부문에 공급되고 있는 정책 자금을 좀 더 효율적이고 시장지향적인 방향으로 전환할 필요성이 더욱 커지고 있다. 현재의 어려움을 타개하기 위해서는 정부의 행정적인 지원이 무엇보다도 중요하지만 이것만으로는 향후 수산업 환경을 개선할 수 없다. 수산업 종사자들의 변화와 개혁을 위한 노력이 무엇보다도 절실한 때이며 장기적이고 구체적인 비전을 스스로 제시하여 정부의 합리적인 대책을 요구해야 할 것이다.

우리는 후손에게 물려줄 풍요롭고 쾌적한 해양 국토 공간의 조성을 위한 해양 개발에 앞장서야 할 것이다. 식품 산업으로서뿐만 아니라 해양안보 보조 산업으로서 그리고 해양 환경 산업으로서 잠재적 가치를 지니고 있는 수산업이 그 초석을 이루고 있음을 잊지 말아야 한다.

한국일보, 2004. 05. 25.

09

항만 · 선박 등 안전성 국제 실사에 대비해야

최근 우리는 동북아 물류 중심국으로 발전하기 위해 부단히 노력하고 있다. 국제 물류에서 가장 큰 비중을 차지하는 운송의 핵은 해운과 항만이다. 정부는 선박투자회사 제도의 도입과 조세감면규제법의 개정 추진 등을 통해 해운을, 부산항만공사의 발족을 통해 항만을 발전시키겠다는 복안이다. 하지만 해운과 항만이 국제적인 산업인 만큼, 이를 둘러싼 외부 환경 요인에 부응하지 않으면 안 된다.

당장 7월부터 발효될 국제 선박 및 항만 시설 보안 규칙이하 ISPS 코드에 따른 보안 심사를 우리나라의 항만과 선박이 통과해야 한다. 미국에 대한 9.11 테러 이후 국제적인 테러 방지를 위해 유엔 기구인 국제해사기구IMO의 163개 회원국은 선박과 항만 시설의 보안 규정을 강화하기로 하고, 2002년 ISPS 코드를 채택했다. 이 코드는 미국에서 제정된 해사운송보안법을 국제 규범화한 것이다. 이 코드의 내용은 크게 선박의 안전 확보, 항만 시설의 안전 확보, 선사 및 정부에서 담당해야 할 사항 등으로 구분된다. 예컨대 항만의 보안 3단계(긴급)에서는 선박의 운항이 전면 통제되고 선박에 접근할 수 없을 뿐 아니라 선박을 다른 곳으로 대피시켜야 한다.

또 새로운 선원 신분 확인 제도와 국제 선박 보안 증서의 발급도 의무적으로 실시된다. 이 역시 IMO가 중심이 돼 세계관세기구WCO와 국제노동기구ILO가 공동으로 추진하고 있다. 이는 테러리스트가 선원으로 위장해 화물의 국제 이동을 위협할 가능성을 차단하기 위한 조치다.

선박과 항만에 대한 테러를 막으려는 IMO를 비롯한 국제기구의 노력에서 보듯이 우리나라 선박과 주요 항만의 안전성이 결여되면 동북아 물류 중심국으로의 발전 목표는 발목이 잡힐 수밖에 없다. 6월에 국제해사기구 팀이 부산항을 실사할 예정이다. 이번 기회에 부산항 등 국내 주요 항만이 정말로 안전하다는 인식을 갖도록 관련 당국은 최선을 다해야 할 것이다. 특히 ISPS 발효일까지 시일이 촉박한 만큼 선사와 항만공사 등 항만 관계 당국은 발 빠르게 대응해야 한다.

오늘 제9회 바다의 날(31일)을 계기로 ISPS 코드의 철저한 시행을 위해 해양수산부는 물론 정부의 관련 부처 모두가 적극적으로 나서기를 촉구한다.

중앙일보, 2004. 05. 30.

10
'선박 신조 지원 프로그램'을 환영한다

중국의 경제 성장률과 세계 교역량 성장률이 둔화되면서 해상 운송 수요의 증가율이 축소되고 있는 가운데, 선박 공급 과잉은 해를 거듭할수록 확대되고 있다. 글로벌 유력 선사들의 초대형·친환경 선박 발주가 이어지고 있기 때문에 수년 내에 선박 공급 확대가 진정될 가능성은 낮아 보인다. 클락슨 리서치의 마틴 스토퍼드 회장은 현재의 불황이 2020년 이후까지 계속될 가능성이 있다는 전망을 하기도 한다.

이와 같은 해상 운송의 수요와 공급 상황 속에서 수익을 내지 못하는 글로벌 해운 기업의 도산이 속출하고 있다. 전 세계적으로 해운 산업이 직면한 불황 속에서 우리나라 해운기업의 모습은 참담하다.

우리의 대표 국적선사인 한진해운과 현대상선은 최근 몇 년간 자본 잠식과 함께 생존을 위해 알짜 자산을 매각하고 있으나, 여전히 부채 비율 1,000%를 육박하는 고공행진을 지속하고 있다. 머스크, 하팍로이드 등 글로벌 유력 컨테이너 선사의 부채 비율이 200% 미만인 경우와 대비된다.

머스크, 하팍로이드 등 글로벌 해운선사들이 초대형 · 친환경 선박을 노선에 배치하면서 우리나라 국적 선사의 시장을 위협하고 있으나, 한진해운과 현대상선은 선대 교체는 고사하고 대출과 이자 상환에 허덕이는 실정이다.

우리나라의 다른 해운사들의 실정도 양대 국적선사와 비슷하다. 생존 한계점에서 하루하루 연명하고 있는 것이다. 이러한 때에 정부에서 '선박 신조 지원 프로그램'을 도입하여 민관 합동으로 12억 달러(약 14조 원)의 선박펀드를 조성할 계획을 발표한 것은 만시지탄이지만 매우 바람직한 정책 추진이다.

'선박 신조 지원 프로그램'을 간략히 보면, 수출입은행과 산업은행이 후순위 대출로 40%를 참여하고, 선박을 임차하여 운용할 해운사가 10%를 지분으로 출자하여 자본 성격의 자금을 50% 확보하게 된다. 나머지 50%는 일반 금융 기관이 선순위 대출로 참가하는데, 무역보험공사가 대출금 상환 보증을 제공한다. 이렇게 조성된 자금으로 고성능의 대형 선박을 발주하여, 그 배를 우리나라 해운사에 임대하게 된다. 자금 고갈로 빈사 상태에 빠진 해운기업을 구원하기 위해 정책 금융 기관이 총동원되고 있다.

정부의 '선박 신조 지원 프로그램' 시행과 관련하여 정책 당국에 세 가지 제안을 하고자 한다. 첫째, 시간이 많지 않다. 정책이 신속히 시행되기를 바란다. 많은 해운사가 관심을 가지고 정책 금융 기관을 접촉하였으나 뚜렷한 시행 방안이나 도입 일정을 가지고 있지 않다는 답을 듣고 맥이 빠진다고 한다.

둘째, 그동안 선박 펀드를 맡아 온 경험이 축적된 선박 운용 회사가 제도 도입에서 빠진 것은 아쉬운 점이다. 지금까지 선박투자회사법에 근거하여 약 8조 원의 자금을 조성하였고 180척의 국적 선박을 발주한 경험을 가진 선박 운용 회사가 '선박 신조 지원 프로그램'에 자본도 일부 참여하게 하고 선박 관리와 투자 성과 배분과 같은 일을 맡게 하면 제도 도입과 운영이 훨씬 효과적이고 신속할 것으로 기대된다.

셋째, '선박 신조 지원 프로그램'에 화주를 포함시켜 선박 발주 단계부터 용선 계약을 묶어서 금융 구조를 만드는 것을 검토해 주기 바란다. 철강 · 화학 대기업과 석유공사와 같은 에너지 공기업의 해상 운송 계약을 묶어서 금융 구조를 짜게 되면, 금리가 낮아질 것이므로 해운사는 이자 부담이 줄고 화주는 운송료를 줄일 수 있는 상생 프로그램이 될 수 있을 것이다(용선료 수입 확보－선박 구매 대금의 상환재원－양호한 대출로 평가－저금리 책정－낮은 용선료).

최근 우리나라 해운사의 선박 신조 규모가 연간 30억 달러 내외 수준임을 고려하면 '선박 신조 지원 프로그램'에서 계획하고 있는 12억 달러는 대단히 큰 규모의 금융 지원이다. 이 프로그램이 속히 가동되어 조선사에는 새로운 일감을 확보하고 해운사는 경쟁력 있는 선대를 확보하여 국민 경제의 부를 확대하는 기회가 되기를 바란다.

2006. 06. 27.

11
해조류 산업 한 단계 도약을

앞으로는 해조류 양식에 있어서도 농작물과 마찬가지로 종자 사용에 따른 로열티를 지불하게 된다. 식물 종자의 지적재산권이라고 할 수 있는 식물신품종보호제도(이하 품종보호제도)가 지금까지는 육상 작물에만 적용되었으나 2009년부터는 해조류를 포함한 모든 식물에 확대 적용되기 때문이다. 우리도 이러한 국제 추세에 신속히 대응하지 못하면 조만간 해조류 산업은 큰 위기에 봉착할 것으로 예상된다.

우리나라 해조류 생산은 2006년 기준으로 전체 수산물 생산량(303만 t)의 25.7%, 수산물 수출금액(10억 8,900만 달러)의 11.6%를 차지하는 주요 수산 품목이다. 특히 해조류 생산의 95% 이상을 차지하는 김, 미역, 다시마 등은 국제 경쟁력이 높은 품목이다. 하지만 품종 보호 제도라는 장애물에 직면한 우리나라 해조류 종자 이용 실태를 들여다보면 전망이 그리 밝지만은 않다.

우리나라 해조류 양식에 사용되는 종자는 주로 일본산이 많은 것으로 알려져 있다. 환경 적응력이 뛰어나고 생산력이 높기 때문이다. 김의 경우 전체 종묘의 40% 이상이 일본산으로 추정되며, 미역은 일본산 종자를 사용한 생산량이 전체 생산의 25% 정도를 차지하고 있다. 다시마는 대부분의 종자가 일본산인 것으로 알려져 있다.

일본은 1990년대에 벌써 김 종자 4개를 신품종으로 등록했다. 만일 일본이 그동안 확보해 놓은 해조류 신품종을 추가 등록하거나 DNA 지문 감식 등을 통해 해조류 제품의 일본산 여부를 확인하는 등 적극적인 대응책을 강구한다면 일본산 해조류 종자를 많이 사용하는 우리 양식 어업인들의 피해는 치명적일 것이다.

우리나라도 1998년 종자 산업법을 근거로 농작물에 대해 품종보호 제도를 시행하고 있다. 농작물의 경우 2007년 8월 현재 109개 품종 2,090건의 품종보호권이 등록된 상태다. 그러나 해조류의 경우 품종 보호 대상으로 출원 또는 등록된 사례가 아직까지 한 건도 없다. 더구나 해조류의 신품종은 이를 심사하는 기준조차 없을 만큼 아직까지 품종 보호에 있어 관심의 대상조차 되지 못하고 있는 실정이다.

최근 정부에서는 해조류 종자의 해외 의존성이 심각함을 깨닫고 해조류 신품종 개발과 보존을 전담할 전문 기관을 육성한다고 발표했다. 다소 늦은 감이 있지만 다행스런 일이다. 해양수산부에 따르면 2008년 말까지 해조류 종자 은행과 해조류 유전자원센터를 설립할 계획이라고 한다.

하지만 해조류 종자를 실제로 양식 현장에 적용하여 산업적 규모의 생산이 가능한 수준까지 이르려면 수년간의 반복적인 실험 연구가 필요하다. 이는 영세한 어업인이나 업계의 노력만으로는 어려운 일이며 정부의 지속적인 관심과 지원이 뒤따라주어야만 가능한 사업이다.

품종 보호 제도는 자국 신품종 육성자의 권익 보호를 위해 중요할 뿐만 아니라 한편으로는 소비자 기호에 맞는 다양한 우수 품종의 도입을 촉진함으로써 양식 어가의 소득을 높일 수 있다는 점에서도 바람직한 제도다. 이번 품종 보호 제도의 확대 적용을 계기로 우리 해조류 산업이 세계 무대를 향해 한 단계 도약할 수 있는 기회가 되기를 기대한다.

국민일보, 2007. 10. 02.

12
항만 수요 예측

자원이 부족하고 국토가 좁은 우리나라가 오늘날 세계 13위의 경제 강국이 될 수 있었던 것은 수출 위주의 경제 정책을 꾸준히 추진해 왔기 때문이다. 대외무역 의존도가 높은 우리나라에서 상품을 수출하거나 원료 혹은 상품을 수입할 때 수송 수단으로 선박이나 항공기 등을 이용한다. 선박은 항공기보다 많은 양의 화물을 저렴한 가격에 안전하게 수송할 수 있다는 특징을 갖고 있기 때문에 전 세계적으로 많이 이용되고 있으며, 우리나라의 경우도 수출입 화물의 90% 이상을 해상 운송에 의존하고 있다.

중국의 발전과 함께 아시아－유럽 항로의 화물이 폭증하고, 인도의 경제 성장에 따라 2010년까지 세계 컨테이너 물동량이 연평균 10% 넘게 성장할 것으로 전망된다. 또한 아시아 및 개도국 중심으로 교역 구조가 개편되면서 세계 교역 구조가 변화되고 있다. 이렇듯 세계 해운·항만 환경은 최근 몇 년간 급속하게 변화되어 왔으며, 앞으로 더 가속화될 것으로 생각된다. 그동안 한국의 주요 항만들은 동북아 지역의 인근 항만들과 직접적인 경쟁 관계에 있었으나, 앞으로는 컨테이너선의 초대형화로 인해 원거리 항만들도 점차 경쟁 대상으로 부상하게 될 것이다.

이처럼 선박에 의해 수송되는 화물들은 항만이라는 장소에서 실리거나 내려지게 되는데, 2000년대 초까지 고도성장을 실현했던 우리나라 주요 항만들이 최근 수년간 물동량 증가율 둔화 현상을 겪고 있다. 물동량 증가율 둔화의 원인은 기업의 경영 환경 악화로 인한 제조업체의 해외 이전, 중국의 고도 경제 성장 및 대대적 항만 개발에 따른 선사의 기항 패턴 변화를 들 수 있다. 물동량 증가율 둔화 현상은 우리나라 주요 항만들의 국제 경쟁력이 약화됐음을 의미한다고 볼 수 있다.

항만 물동량은 항비가 저렴하고 서비스 질이 높은 항만에 집중되고 있으며, 항만 또는 배후 물류 단지에서는 인근 지역의 화물 유치를 위한 경쟁이 치열해지고 있다. 그리고 복지예산 확대로 상대적으로 사회간접자본SOC 재정 지출이 축소되는 추세 하에서 한정된 재원으로 항만 개발 투자 효율성을 제고해야 하는 필요성이 제기되었다.

탄력적이고 효율적인 항만 개발은 정치적 논리보다는 정확한 수요 예측에 바탕을 두고 추진되어야 함이 당연하다. 우리는 정부가 정확한 수요 예측을 하지 않고 국가 단위 사업을 추진하여 막대한 자금을 투입하고도 적자 운영하고 있거나 심지어 폐쇄되어 국민의 혈세를 낭비하는 선례를 무수히 보아왔다.

2007년 컨테이너 처리 실적이 27,935,000TEU로 1위인 싱가포르항과 3위인 홍콩항23,998,000TEU의 경우, 항만을 개발하기 전에 물동량을 모니터링하여 물동량 추세를 파악하고 이를 바탕으로 물동량을 예측하여 항만 개발에 반영하는 시스템을 구축해 왔다. 오랜 기간 시행착오와 연구를 통해 그들만의 노하우를 축적해 왔고 각각의 독특한 시스템을 가지고 있다.

우리나라도 그동안 물동량 예측을 해왔지만 기존 물동량 예측은 몇 가지 문제점을 안고 있었다. 첫째, 항만 기본 계획 수립과 연계된 5년 단위의 불연속적인 예측 체계로는 급변하는 해운항만 환경에 탄력적으로 항만정책을 추진하기는 어려웠다. 둘째, 물동량 예측 변수의 변화 동인 및 새로운 물동량 예측 변수 발굴 노력이 미흡했다. 셋째, 예산, 기간 그리고 전문 인력 부재로 기초 자료 수집 및 지속적인 업데이트 문제가 있었으며, 정보에 대한 기관 간 상호 연계 체계가 미흡했다.

다국적 기업의 글로벌 경영 전략과 극심한 항만 간 경쟁은 항만 물동량 예측의 불확실성을 증대시켰다. 이를 통해 새로운 항만 물류 패러다임의 정착과 항만 물동량 예측의 정확성 확보를 위한 전문 기관 구축의 필요성을 인식하게 되었다. 이에 정부는 약 2년 전부터 항만수요예측센터를 설립 · 운영하고 있다.

신뢰성 있는 항만 수요 예측이 항만 개발의 핵심적인 요소이다. 정확한 예측에 필요한 통계 기반에 대한 연구, 산업단지와 항만 물동량과의 상관관계 분석, 우리나라 항만에 적합한 항만 개발 시스템 구축, 항만 개발 정책에 대한 사전/사후 평가 시스템 도입 등에 관한 연구가 이루어져야 할 것이다. 아울러 정책을 입안하는 정부 부처에서 해운 · 항만 환경에 대한 올바른 이해와 함께 비전 있는 시책들의 추진이 시급하다. 동북아 물류 중심국이나 동북아 허브 항을 내세우며 건설되는 국내 컨테이너 항만들이 중심 항 경쟁에서 도태되면 국가 경제에 막대한 손해를 입힐 수 있는 엄연한 현실을 직시해야 할 것이다.

무역협회, 2007. 10. 12.

13
해운 · 항만 강국의 요건

2000년 59억 톤이던 세계 해상 물동량이 지난해 75억 톤으로 급증한 가운데 컨테이너선들도 대형화되는 추세다. 조선업계 세계 2위이자 국내 2위인 삼성중공업이 세계 최초로 1만 6,000TEU 급(1TEU=20피트 컨테이너 1개) 컨테이너선을 개발했다고 밝혔다. 컨테이너선의 대형화는 몸집을 키워 '규모의 경제'를 실현하려는 해운사들의 전략과 고유가라는 대외 변수 덕분에 더욱 탄력을 받고 있다.

선사들의 극초대형선 확보 경쟁은 갈수록 치열해지고 있으며, 대형 선사 간 인수 합병M&A이 지속됨에 따라 대형 선사들의 해운 시장 지배력은 더욱 강화될 것이다. 중국의 발전으로 아시아-유럽 항로의 화물이 폭증하고, 인도의 경제 성장으로 2010년까지 세계 컨테이너 물동량이 연평균 10% 넘게 성장할 것으로 전망된다.

이렇듯 세계 해운은 최근 몇 년간 급속하게 변화되어 왔으며 이러한 추세를 볼 때 앞으로 더 가속화될 것으로 생각된다. 해운 환경의 변화로 항만도 기존의 물동량 처리에 초점을 둔 운영 방식으로는 부가가치 창출에 한계가 있다.

그동안 한국의 주요 항만들은 동북아 지역의 인근 항만들과 직접적인 경쟁 관계에 있었으나, 앞으로는 원거리 항만들도 점차 경쟁 대상으로 부상하게 될 것이다. 이러한 상황에 비춰볼 때 항만의 경쟁력은 충분한 항만 시설과 배후 단지의 확보를 통한 다국적 기업 및 물류 기업의 유치에 달려있다.

싱가포르, 네덜란드, 대만 등은 이 같은 패러다임 변화에 맞춰 항만 배후 단지나 물류 센터 등을 조기에 확충해 국제 경쟁력을 확보하고 있다. 우리나라가 해운·항만 강국으로 발전하기 위해서는 배후 단지 개발에 총력을 기울여야 하며 이때 다음과 같은 사항을 고려해야 한다.

첫째, 최근 항만 개발 정책이 고부가가치 창출을 위한 배후 단지 개발로 전환돼 2005년 이후 배후 단지 관련 예산이 빠르게 증가하고 있으나, 우리나라의 항만 배후 단지는 부산, 광양항에 일부만 조성돼 공급 측면에서 절대적으로 부족한 상황이다. 수요자 중심의 항만 배후 단지를 조성해 다국적 제조·물류기업 및 우리나라 U턴 기업 등의 적극적인 수용이 필요하다.

둘째, 중국의 반독점법, 파산법, 물권법, 소득세법 등이 크게 변해 한·중간 무역 구조와 다국적 기업들의 입지 패턴 등이 변할 것으로 예상된다. 따라서 항만 배후 단지에 효과적으로 다국적 기업을 유치하기 위해서는 국제 교역 구조와 주변국의 여건 변화 등 시장 환경 변화에 맞춘 마케팅 전략을 수립해 체계적으로 추진해 나가야 한다.

셋째, 세계 각국의 선진 항만들은 충분한 항만 시설과 배후 단지 확보와 함께 대상 지역을 자유 무역 지대로 개발할 뿐만 아니라, 관리 운영에도 항만과 배후 단지를 통합 운영하고 있다는 점을 간과해서는 안 될 것이다.

정책을 입안하는 정부 부처는 해운·항만 환경에 대한 올바른 이해와 함께 비전 있는 시책들을 추진하는 것이 시급하다. 동북아 물류 중심국이나 동북아 허브항을 내세우며 건설되는 국내 컨테이너 항만들이 중심항 경쟁에서 도태되면 국가 경제에 막대한 손해를 입힐 수 있는 현실을 직시해야 한다.

국민일보, 2007. 12. 25.

14
동북아 크루즈시대를 열자

21세기의 여행자는 소득 증가에도 불구하고 여가 시간이 감소함에 따라, 최단 시간에 다양한 경험을 즐길 수 있는 크루즈 여행을 최고의 관광 상품으로 선호할 것이라고 오래전에 세계관광기구는 전망했다. 크루즈는 '여유 있게 즐기고 싶은 여행자가 매력적인 항구를 방문할 수 있는 해안 항해'라고 정의할 수 있다. 항해 기간이 이틀에서 수개월에 이르는 해상 관광 유람선 사업이라 하겠다. 이 사업의 성공 여부는 선박의 쾌적성(선내 시설, 선상 이벤트), 출발 및 방문 항구의 조건, 그리고 항해 기간 등에 좌우된다.

과거에는 고소득층과 장년층, 시간 여유가 있는 계층이 크루즈의 주요 고객이었으나 크루즈에 대한 인식 전환으로 젊은 층 그리고 중간 소득 계층의 크루즈 이용이 점진적으로 늘고 있다. 특히 카니발 크루즈 라인의 '재미있는 유람선Fun-Ship'이 젊은 고객을 끌어들이면서 이들이 크루즈 여행의 표적이 되고 있다. 배를 타고 관광 명소를 방문하는 게 아니라 배 안에서 즐길 수 있게 했다.

세계 크루즈 시장은 세계 최대의 카니발 크루즈 라인, 로열 캐리비언 인터내셔널 그리고 스타 크루즈 3개 선사가 장악하고 있다.

이들 3대 크루즈 선사 그룹은 세계 크루즈 객실 공급의 약 72% 이상을 차지할 만큼 크루즈 시장을 강력하게 선도하고 있다.

우리나라는 연안 크루즈 중심으로 크루즈 산업의 태동기를 맞고 있으며, 아시아 시장의 높은 성장 가능성에 따라 서구의 대형 크루즈 선사도 아시아 시장 침투에 전력하고 있다. 이에 힘입어 새로운 아시아 크루즈 루트 형성과 함께 우리나라 크루즈 시장의 성장 가능성도 높아지고 있다.

미국 로열 캐리비언 인터내셔널RCI 소속 호화 크루즈선 랩소디호가 올 4월부터 부산항에 정기 기항(연 6회)하기로 했다. 랩소디호는 총 길이 279m로 2,435명의 승객과 760명의 승무원을 태울 수 있는 7만 8,000톤 급이다. 수영장, 카지노, 암벽 등반 코스 등 다양한 편의 시설을 갖추고 있다. 이 배는 중국 상하이를 출발해 일본 후쿠오카, 부산, 제주를 거쳐 상하이로 돌아가는 5박 6일 코스와 일본 코베까지 경유하는 6박 7일 코스로 운항한다.

국내 모 기업이 부산에서 통영, 여수, 완도, 제주 등을 도는 3박 4일 코스의 크루즈선을 올봄 등장시킬 것으로 보인다. KTX 개통과 함께 어렵게 개발된 부산항 출발, 1박 2일의 주말 크루즈에 비하면 진일보한 것이다.

필자는 일찍이 부산이나 제주를 모항으로 하여 '우리나라 서해 중심의' 중국 동안, 한국 및 일본 서안 그리고 '우리나라 동해 중심의' 일본 서안, 한국 및 극동 러시아를 연결하는 2개 크루즈 루트 개발을 업계 지인에게 강조했다. 이는 각 루트를 이용한 승객이 부산이나 제주에서 하루 이틀 쉬다가 나머지 루트로 환승하는 방안이다. 참여 정부가 주장은 했지만 큰 성과를 못 거둔 '동북아 물류物流 중심국'이 아니라 크루즈를 통한 '동북아 인류人流 중심국'의 목표를 세워보자는 것이다. 이러한 방안은 경제적 측면뿐만 아니라 동북아 나아가 전 세계인이 이 배에서 교류하는 평화의 시대를 여는 데도 일조할 것이다.

우리는 짐을 실어 나르고(해운), 배를 만드는(조선) 분야에서는 세계 최고 대열에 올랐다. 그래서 해운강국, 조선강국이라고들 한다. 하지만 크루즈선의 경우에는 해당되지 않는다. 크루즈선 개발과 동북아 크루즈 루트 개발 등에 정부, 업계 그리고 학계가 관심을 가져주길 바란다.

국민일보, 2008. 01. 22.

15
고래잡이

70년대 송창식 씨의 고래 사냥이란 노래가 한창 유행했던 적이 있다. 이제는 노래 가사처럼 고래를 잡으러 동해로 갈 수가 없다.

국제포경위원회IWC의 결정에 따라 1986년부터 밍크고래를 포함한 대형 고래를 포획할 수 없다. 현재 이 위원회의 78개 가맹국 중 42개국이 포경을 반대하고, 우리나라, 일본 및 중국 등을 포함한 36개국은 포경을 찬성하고 있다.

이 고래로 인해 일본과 호주 간에 외교 관계에 갈등이 일기도 했다. 일본은 남극해에서 혹등고래 50마리를 포함하여 밍크고래 등을 한해 1천 마리의 고래를 포획한다는 과학 연구 프로젝트를 수행하고 있다.

포경 반대에 앞장서고 있는 호주는 1979년에 포경을 중지했다. 포경 산업은 문을 닫고 이제 호주는 고래 관람whale watching을 관광산업으로 키우고 있다. 매년 약 160만 명이 고래를 보러 오는데 시장 규모가 약 3억 호주 달러에 달한다. 고래에 대한 사고는 나라마다 다양하다. 환경 보호 차원에서의 고래와 식용 자원으로서의 고래라는 것으로 나누어졌다고 볼 수 있다.

올 1월 남극 해역에서 고래 조사를 하던 일본 포경선에 2명의 시 쉐퍼드Sea Shepherd 멤버들이 무단 침입했다. 이들은 포경 반대 국가들이나 타 환경 보호 행동파들도 거부하는 과격한 전술로써 일본이 매년 행하는 포경을 중단시키려고 한다. 1986년에 아이슬란드의 포경선을 침몰시킨 책임이 있다고 국제포경위원회가 주장할 정도로, 시 쉐퍼드는 반 포경 단체 중에서도 과격한 활동으로 알려져 있다. 그린피스의 창설 멤버였던 토론토 출신의 폴 왓슨이 1977년에 시 쉐퍼드를 설립했다. 자료에 따르면 일본이 조사 포경한 고래 고기의 판매를 관장하는 일본 고래류 연구소에서 2000년에는 2,450만 톤(판매수입: 50억 엔)을 그리고 2006년에는 4,154만 톤(판매수입: 54억 엔)을 공급했다.

한편 이 고래로 인해 한일 간 항로에서 사고가 빈번하게 일어나고 있다. 부산과 일본의 규슈 후쿠오카시 하카다항을 약 3시간 만에 오가는 쾌속여객선의 항로는 고래의 출몰이 잦은 곳이다.

해경 해상 안전과 관계자에 따르면 2004년 이후 한일 간의 쾌속선이 운항 중에 고래로 추정되는 물체와 충돌한 사고는 올 1월의 사고를 포함해 모두 9번 발생했다. 2007년 4월에는 하카다 항을 출발해 부산으로 향하던 쾌속선이 고래와 충돌, 승객 1명이 사망하고 27명이 부상하는 사고가 일어났으며 2006년 3월에는 일주일 간격으로 고래와 충돌하는 사고가 3건이나 발생하기도 했다.

이 고래는 얼마 전 고래연구소의 조사에 의하면 밍크고래로 밝혀졌다. 밍크고래는 고래목 긴수염고래과에 속하는 포유류로, 한국의 동해안과 태평양 연안에 서식하며 길이 6.9~7.4m, 최대 무게는 14톤에 달한다. 이 정도 크기의 고래라면 최대 시속 83km(45노트)로 운항 중인 소형선에 해당하는 쾌속 여객선이 바다 밑에서 위로 올라오는 고래와 충돌한다면 그 충격은 대단할 것이다.

필자는 이 쾌속선을 20회 정도 승선한 경험이 있다. 일본 규슈 지역을 방문할 때 시간과 비용 면에서 아주 유용한 교통수단이다. 한일해협에 쾌속선의 운항이 어려워질 정도로 고래의 수가 늘어난 것일까.

바다는 우리가 살아가는 데 없어서는 안 될 만큼 중요한 자원이다. 바다는 수산물이라는 자원뿐 아니라 운송경로라는 자원도 제공하고 있다. 남극해와 한일 연안에 밍크고래가 많아 조금 포획해도 자원에는 큰 문제가 없다는 주장도 있다. 고래의 수가 지나치게 늘어나면 먹이 사슬에 불균형이 발생할 것이다. 하지만 포경 반대 단체와 포경 반대 국가 들은 “야생동물인 고래를 살해하는 것은 바람직하지 않다”는 주장을 하고 있다. 사실 이것은 세계의 일반적인 가치관이나 다름없다. 사실 많은 나라에서 고래는 환경 보호의 심볼로 여겨지고 있다. 고래는 우리에게 ‘이용할 수 있는 자원’인가 ‘보호해야 할 야생동물’인가.

지난 1월 29일 해양수산부 대회의실에서 열린 '한일 운항 쾌속 여객선 안전 운항을 위한 고래 전문가 회의'가 열렸다. 여기서 쾌속선은 고래의 먹이가 많은 대륙붕(해저 200m) 근처에 진입할 때 속력을 낮춘 뒤 고래의 움직임 여부를 잘 살펴 안전 운항을 하는 게 최선의 사고 예방책이라고 했다. 하지만 이러한 단순 예방책보다는 해양의 복합적인 이용의 기초로서, 한일해협에 서식하는 고래의 개체 수를 과학적으로 검토하는 작업이 절실하다.

국민일보, 2008. 02. 19.

16
참치 이야기

보통 참치라고 하는 다랑어는 고등어과 다랑어속이다. 참치에는 참다랑어, 가다랑어, 눈다랑어, 황다랑어 등을 포함해 수십 종이 있다. 북대서양에 서식하며 최고급 어종에 속하는 참다랑어는 최대 몸길이 3m, 몸무게 560kg 정도까지 성장하는데 자원 보존을 위해 해역별로 어획량이 제한돼 있다.

세계 최대의 참치 어장은 총 어획량의 약 50%를 차지하는 중서부 태평양 해역이다. 한때 우리나라는 참치류 전체 어획량의 90% 이상을 이 해역에서 잡기도 했다. 연승어업의 주요 어종인 눈다랑어와 황다랑어는 수산 자원의 보존 관리를 위해 어업 규제가 강화되고 있다. 이를 위해 현재 중서부 태평양을 관할하는 중서부태평양수산위원회WCPFC, 동부 태평양을 관할하는 전미열대참치위원회IATTC, 대서양참치보존위원회ICCAT, 인도양참치보존위원회IOTC 및 남방참다랑어보존위원회CCSBT 등 5개의 참치 자원 관리 기구가 활동 중이다.

지난 3월에 가장 유명해진 물고기는 참치가 아니었나 싶다. 참치 때문에 웃고 울어야 했던 일이 일어났다.

우선 참치(참다랑어) 풍어가 원래 고등어 어장으로 알려진 제주도 서귀포 해역에서 발생했다. 지구온난화 덕분이란다.

두 차례 총 3,730마리의 참치가 잡혔는데, 우리나라 근해에서 이렇게 대량으로 참치가 어획된 것은 처음이라고 한다. 잡힌 참치는 부산공동어시장에 바로 위탁 판매되었다. 경매된 참치의 대부분은 일본으로 수출되었거나 수출용으로 국내 수산업체가 매입해 냉동 보관 중이며, 나머지는 서울 등의 호텔 일식당, 대형 마트, 백화점, 고급 횟집 등에 팔렸다고 한다.

그런가 하면 참치 캔에서 칼날이 발견돼 모든 국민들이 경악한 사건도 있었다. 식품의약품안전청은 모 기업에서 생산한 참치 살코기 제품에서 칼날이 검출된 사건을 조사한 결과 경남 창원 공장의 제조 과정에서 칼날이 들어갔을 가능성이 높다고 밝혔다.

참치의 글로벌한 여정을 밝힌 사샤 아이센버그의 책 '스시 이코노미'를 읽고서 이 회사 참치 캔의 글로벌 공급사슬이 궁금해 일단 회사 홈페이지에 소개된 수산물 캔의 제조과정을 살펴봤다. 이에 따르면 그 과정은 이렇다. 어획 → 동결 → 하역 → 계량 → 해동 →

전처리 → 자숙 → 절단 → 캔 담기 → 밀봉 → 가열처리 → 레이블링 → 보관 → 출고.

22년 전 동중국해에서 약 두 달간 어선에 승선한 적이 있는데 첫째 단계인 어획은 바다에서 행하는 어선의 조업 행위다. 어획 대상인, 캔에 들어가는 참치는 얼마 전 서귀포 해역에서 잡힌 그런 고급 참치는 아니다. 참다랑어는 횟감용이며, 날개다랑어와 가다랑어가 주로 통조림으로 사용된다.

잡힌 참치는 동결 등의 작업을 거쳐 국내의 항만에 들어오기까지 어선의 어창에 장기 보관된다. 항만에서도 입항 후 통관, 하역하는 데 얼마간의 시일이 걸린다. 하역 이후부터 레이블링까지는 공장에서 작업이 이루어진다. 공장에서 레이블링하고 난 뒤에는 물류센터로 이동되거나 유통 경로를 거쳐 슈퍼마켓, 할인 매장, 편의점 등의 소매점에 도달하고 마침내 우리 식탁에 오른다.

물론 저 먼 태평양에서 잡힌 참치는 서귀포 해역에서 잡힌 것보다 훨씬 더 멀고 더 많은 경로를 거쳐야 한다. 그런 만큼 한마디로 '바다에서 식탁까지' 안전한 물류 관리 혹은 공급사슬관리SCM가 필요하다. 식품업체들은 원가 절감이 아니라 식품 안전을 위한 물류 관리나 SCM이야말로 기업 윤리 혹은 기업이 져야 할 사회적 책임의 첫걸음임을 명심해야 한다. 식품업체에 관한 한 안전하게 만들어 안심하고 먹을 수 있는 제품을 제공하는 것이야말로 기업의 근본이자 핵심 역량이 아닐까 한다.

국민일보, 2008. 04. 22.

17
왜 다시 수산업인가

바다는 우리에게 많은 것을 베푼다. 우선 식량과 에너지를 공급한다. 동시에 운송의 매개체이면서 휴식처를 제공한다. 이 가운데 수산업이야말로 인간이 바다로부터 누려온 가장 오랜 혜택이라고 할 수 있다.

하지만 수산업은 타 산업에 비해 비중이 매우 낮다. 수협 수산경제연구원에 따르면 2006년 기준 우리나라 어업 총생산은 1조 5601억 원. 1차 산업인 농림어업 총생산의 6.4%, 국내총생산GDP의 0.2%에 불과하다.

그러나 수산업은 후방효과가 큰 산업이다. 수산업과 어촌이 유지됨으로써 불법 조업이나 밀입국 등을 감시하는 해안 안보 기능이 가능하다. 또 연안 수역 관리 및 자연 보호 등이 용이해진다. 어촌 관광 자원을 활용할 수 있고 어구어법漁具漁法 등 전통문화도 유지할 수 있다.

이 같은 수산업이 최근 안팎으로 많은 어려움을 겪고 있다. 대내적으로는 연안 오염과 간척 사업 등으로 어장이 축소되면서 최근 10년간 어업 생산량이 정체 상태다. 어가漁家 부채 증가 및 낮은 어가소득(최근 5년 평균 도시 근로자 가구 소득 대비 69.7%)으로 인해 2000년부터 어가 인구와 어선 세력이 점차 감소하고 있다. 특히 최근 유류 가격 상승으로 어업 경영 악화는 더욱 심각해지고 있다.

대외적으로는 세계무역기구WTO의 도하 아젠다DDA와 자유무역협정FTA 협상이 추진되면서 수산물 시장의 자유화와 개방화가 강화돼 외국 수산물과의 시장 경쟁이 갈수록 심화되고 있다. 특히 WTO에서 논의되는 수산물 보조금 협상에서는 면세유를 비롯한 정부 보조금의 철폐 또는 대폭 감소를 요구하고 있어 향후 수산업 경영에 심각한 타격이 우려된다.

지금처럼 대내외적인 어려움에 직면한 우리 수산업이 나아가야 할 방향을 생각해 보자. 지난 3월 새 정부에서 발표한 농수산 분야의 정책 추진 방향을 보면 기존의 수동적인 태도에서 벗어나 수산 분야가 당면하고 있는 난관을 공격적이고 도전적으로 해결하려는 의지를 보여주고 있어 매우 고무적이다.

농림수산식품부는 새 정부의 실용주의적 가치를 바탕으로 '돈 버는 농어업, 살맛 나는 농어촌 달성'이라는 목표를 세우고 있다. 이에 따라 공급 증대보다는 수요 창출에 중점을 두고 있다. 즉 1차 산업인 농어업의 범위를 2 · 3차 산업으로 확장해 성장 기반을 새롭게 확충하고 생산자도 유통부문에 참여시켜 시장 참여도를 강화하겠다는 전략을 세우고 있다. 다시 말하면 수산물 생산, 가공, 유통, 소비에 이르는 모든 물류 단계를 일원화해 유통 혁신을 도모하는 동시에 식품산업을 육성하여 수산업의 경쟁력과 부가가치를 제고함으로써 수요를 새롭게 창출하겠다는 것이다.

정부의 정책 방향은 최근 국내 수산물 유통 구조의 변화 추세에도 부응하고 있다. 전국적으로 확산되고 있는 대형마트 등 대규모 소매점들은 거대 자본과 지점망을 이용해 소비자들의 다양한 요구에 발맞춰 생산과 유통 과정 전반에 대해 영향력을 행사하고 있다.

모든 정책이 그렇듯이 정부의 의지와 계획만으로 좋은 결실을 맺을 수는 없고 여기에는 몇 가지 전제가 필요하다. 무엇보다 업계, 학계, 정부 등 관련 당사자들의 자율적인 참여 의식이다. 앞으로 1 · 2 · 3차 산업의 통합 경영을 위해서는 자금 조성 단계부터 수급 및 가격 조절, 시장 조사, 브랜드 개발에 이르기까지 당사자들 간에 스스로 문제를 해결하려는 주인 의식이 필요하다.

둘째, 어업인의 시장 참여 확대다. 유통 시장에서 생산자의 가격 결정권이 미약하므로 유통 단계의 비용을 대부분 생산자와 소비자가 떠안게 되고, 이로 인해 산지와 소비지의 가격차가 커지는 가격 왜곡 현상이 발생하게 된다. 정부에서도 새로운 통합 시스템의 운영 주체로서 생산자들의 참여를 의무화하고 있다. 어업인들도 미래의 생산 · 유통 환경 속에서 자율적인 문제 해결 역량을 강화해 나가야 한다.

마지막으로는 지속적인 정부 예산 지원이다. 주요 정책 대부분이 1차 산업을 2 · 3차 산업까지 확장하는 규모화 및 통합화의 특징을 지니고 있어 영세한 어업인들이나 수산물 유통업자들로서는 매우 부담되는 사업들이다. 앞으로 수산 분야에 새로운 생산 · 유통시스템이 확립된다면 국내외 시장 개척을 통해 한국 고유의 음식 문화가 세계시장에 진출하는 등 수산물 수요가 크게 확대될 것으로 기대된다.

국민일보, 2008. 06. 17.

18

육·해·공군 다음이 해운이라는데…

최근 한국의 해운업은 짙은 안갯속에 갇혀 있다. 업계 1위인 한진해운과 2위인 현대상선은 선박·터미널을 팔 정도로 유동성 위기에 빠져 있고, 3위인 STX 팬오션은 법정관리에 들어갔다. 여기에 국내 선사를 더욱 힘들게 하는 일이 벌어졌다. 세계 1위 선사인 덴마크의 머스크, 2위인 MSC(스위스) 및 3위인 CMA CGM(프랑스)이 뭉쳐 'P3 네트워크'를 구성한 것이다. 세계 29개 항로에 선박 255척을 투입해 곧 공동 운항할 계획이다. 세계 시장 점유율이 44%에 달한다. P3 네트워크는 이달부터 세계의 3대 간선 항로인 아시아~유럽, 태평양, 대서양의 주요 항로에 초대형 컨테이너선을 투입하겠다고 했다.

선박의 대형화와 전략적 제휴를 통한 원가 절감과 서비스 수준 향상을 통한 이들의 경쟁력에 한국 해운사가 과연 맞설 수 있을지 걱정이다. 최근 세계의 주요 선사들은 초대형선을 발주하고 있다. 하지만 한국 1위인 한진해운은 지난 3년간 초대형선을 발주한 적이 없다.

이는 선박 금융 지원 문제 때문이기도 하다. 머스크의 맹활약은 기업 차원의 노력만이 아니라 덴마크 정부의 금융 지원이 큰 역할을 했다. CMA CGM도 금융 위기 때 파산 직전에 프랑스 정부의 지원으로 회생하여 세계 3위의 자리를 지키고 있다. 반면 한국은 해운·조선·항만업체에 대출·보증을 해주는 기구인 선박금융공사의 설립이 논의되다 백지화됐다. 대안으로 제시된 해운보증기금 설립도 유보됐다. 규모가 축소되고, 기능면에서도 문제가 나오는 해운보증 기구가 궁여지책으로 설립되는 게 전부다. 알맹이 빠진 이 기구가 과연 좌초 직전의 한국 해운을 살릴 수 있을지 의문이다.

컨테이너 물동량 기준으로 세계 5위인 부산항을 중심으로 하는 한국의 항만업도 불안하다. P3 네트워크가 기항 비중에서 부산항을 축소하고, 세계 1위의 상하이항과 세계 6위의 닝보저우산항의 기항 비중을 늘릴 계획이기 때문이다.

해운은 해양력seapower 차원에서도 의미가 있다. 1982년 벌어진 영국·아르헨티나 간의 포클랜드 전쟁이 대표적이다. 아르헨티나가 포클랜드 제도를 점령하자 영국은 대함대를 파견했다. 여기에는 상선을 개조한 애틀랜틱 컨베이어호도 있었다. 당시 영국군이 징발해 개조한 이 선박은 탄약·유류·헬기 등을 수송했다. 이 전쟁은 74일 만에 아르헨티나의 항복으로 끝났다. 이처럼 해운은 해상 군사력과도 깊은 관계가 있다. 해운업을 순수한 산업적인 측면뿐 아니라 국가 안보적인 관점에서 봐야 할 이유다. 미국의 아이젠하워 대통령은 해운을 육·해·공에 이은 제4군軍이라고 말하기도 했다.

항만은 배가 들어와야 살고, 무역은 해운이 받쳐줘야 산다. 해운·항만·무역은 시차를 두고 한 개의 축으로 움직인다. 여기에 중국은 해양 강국 건설을 국가 목표로 삼고 있으며, 일본은 해병대 창설을 추진하는 등 주변국들이 해양력의 증강에 심혈을 기울이고 있다. 무역 의존도가 100%에 육박하고 경제에서 차지하는 수출입 비중이 절대적인 상황에서 우리의 해운을 이렇게 방치해서는 국가 경제와 안보가 치명타를 입을 수 있다.

중앙일보, 2014. 04. 25.

19
바다, 한국 경제의 든든한 밑천

5월 31일은 '바다의 날'이다. 1994년 11월 유엔 해양법 협약이 발효된 이후 국가 간 해양 개발 경쟁이 본격화되자 바다의 중요성을 알리고 해양 개척 정신을 고취하기 위해 1996년에 제정했다. 하지만 올해는 세월호 대참사로 인해 기념행사를 축소하거나 취소하고 있다. 해양 분야 종사자들은 스스로 죄인이 돼 주눅이 들고 있다. 그러나 이런 분위기와 별개로 우리는 '바다의 가치'를 새겨봐야 한다. 지구 표면의 71%를 차지하는 바다는 지구상 마지막 미개척 영역이다. 특히 3면이 바다로 둘러싸여 있고, 해상 영토가 육상의 4배가 넘는 한국에 있어 바다의 가치는 더욱 크다. 바다는 저렴하고 안전한 무역 항로, 해저 자원 그리고 수산물 등을 통해 큰 국부를 창출해 줬다.

한국의 수출품을 싣고 5대양을 항해하는 뱃사람, 남의 나라 앞바다에서 조업 중인 원양어선 선원, 세계 최고 수준의 선박을 제작하고 납품 기일을 맞추기 위해 철야를 불사하는 조선 산업 근로자, 혹한의 추위에 굴하지 않고 연구 중인 남극 과학 기지 연구원, 해양 영토 수호를 위해 노심초사하고 있는 해군, 불법 어업 단속에

불을 켜는 해경 등이 모두 그 주인공이다.

수출을 통해 전 세계에서 가장 가난한 나라에서 세계 무역 10강으로 발돋움한 것은 바로 한국이 바다를 무서움의 대상이 아니라 도전과 관리의 대상으로 삼았기 때문이다. 바다를 누빌 배를 건조하는 조선 산업, 바다 위를 오가는 해운 산업, 바닷속에서 펼쳐지는 수산업, 바다 밑을 개척하는 해양 자원 산업은 그간 한국 경제 발전에 큰 기여를 해 왔다. 여기에 해양생명공학은 미래 산업으로 각광받고 해양 레저 산업도 차세대 성장 동력으로 떠오르고 있다.

이처럼 바다는 무서움의 대상이기보다는 극복하고 관리해 미래의 경제 영토로 만들어야 할 대상이다. 이런 생각으로 조금만 더 바다를 잘 관리했다면 세월호 참사는 막을 수 있었을 것이기에 이번 바다의 날이 더욱 안타깝게 느껴진다.

중앙일보, 2014. 05. 30.

20
해양 안전 문화의 기본

블루 오션, 레드 오션이란 용어가 경영학 분야에서 오래전부터 인구에 회자되고 있다. '블루 오션 전략'이란 책에서 "경쟁자가 많은 시장인 '레드 오션'이 아니라 경쟁자가 없는 새로운 시장 즉 블루 오션을 공략하면 높은 수익을 얻을 수 있다"고 강조했다.

이 용어를 처음 봤을 때 바다와 관련된 사회과학적 분야를 주로 연구하는 자로서 바다를 알리는 참 좋은 기회가 되는 용어이구나 생각을 했다.

하지만 이런 바다에서 이번의 세월호 참사를 지켜보면서 너무나 애통하고 안타까움을 금치 못하고 있다. 해양 안전 문화 아니 안전 문화를 떠나 우리는 바다를 얼마나 알고 있는지 모르겠다. 이 참사로 인해 이번에 전 국민이 바다와 선박에 관한 정보를 정말 많이 접하게 되었다.

우리는 생활을 위해 움직일 수밖에 없다. 교통수단으로 움직이기 위한 길에는 찻길, 철길, 바닷길, 하늘길이 있다. 바닷길 이용은 선박과 선원이 없으면 불가능하다. 안전하게 배로 목적지까지 가기 위한 기본 조건은 무엇인가. 바다는 호수가 아니다. 항상 살아 움직인다. 어떤 때는 엄청난 화를 내면서 사람들을 두렵게 만든다.

바다는 우리로서는 통제불능이다. 이 바닷길을 안전하게 건너려면 선박이 충분한 안전 항해를 감당할 성능 즉 감항성을 갖춰야 한다. 조선소에서의 건조에서부터 운항 중인 선박의 정기 검사에서 안전 점검이 철저히 지켜져야 한다. 선박의 나이, 즉 선령이 20년, 25년 및 30년으로 길어질수록 대체로 감항능력은 떨어질 수밖에 없다.

누가 배를 만들고 누가 안전 점검을 하는가. 모두 사람이다. 짐뿐 아니라 사람도 싣는 게 배이기에, 해상에서의 인명과 재산의 보호를 위해 배를 만드는 조선소에만 맡겨서는 안 되고, 건조 후에도 배 주인에게만 선박의 안전을 맡겨서는 안 된다. 이들을 감독하는 단체가 있어야 할 것이다. 그게 선급협회이다. 배가 상당한 위험을 안고 있는지의 여부를 확인하는 게 이 협회가 해야 하는 일이다.

세계에서 처음으로 1760년에 영국 로이드 선급협회가 설립되었고 우리나라엔 200년 뒤인 1960년에 한국선급협회KR가 설립되었다.

여기서 알 수 있는 게 통제불능의 바다에 떠 있는 배가 안전하기 위해서는 먼저 배를 만드는 사람 그리고 배의 안전 점검을 하는 사람이 자기가 이 배를 망망대해에서 탄다는 생각으로 자신의 일을 해야 할 것이다.

둘째, 배를 움직이게 하는 건 선장 및 선원을 포함한 해기사다. 바로 이 사람들이 선량한 관리자로서의 의무due diligence를 다하지 않으면 해상 사고를 면하기가 어렵다. 이들이 이런 의무를 수행할 수 있는 정신을 가지게 해 줘야 한다. 선박 운항 기술이 아무리 뛰어나도 통제불능의 바다에선 이런 기술이 통하지 않는 경우의 수도 발생한다. 이럴 경우 그들은 어떤 정신을 가져야 하는가. 승객 우선 정신이다.

이런 정신은 어찌 함양되는가. 교육과 근무 환경이 적절치 못하면 이런 정신은 나올 수 없다고 본다. 즉 해기사 양성 기관에서의 교육 과정 그리고 해기사를 고용한 선사에서의 근무 여건에 달려있다고 본다.

1986년 약 2달간의 동지나해 원양어선 승선 이래 지금도 1년에 1번 이상의 국제 여객선을 이용하는 필자로서는 해양 안전 문화의 기본은 선박과 선원에서 비롯된다고 믿는다. 배를 만드는 것도 사람이고, 배를 검사하는 것도 사람이고, 배를 운항하는 것도 사람이다. 이 모든 사람이 어떻게 하느냐에 배를 타는 사람의 안전이 달려있다는 기본을 잊지 말자.

성대신문, 2014. 06. 02.

21
IMO 총장, 한국서 나올 때 됐다

국제해사기구IMO는 선박의 항행 안전과 해양 환경보전 등에 관한 정책을 총괄하는 국제연합UN 전문기구다. IMO는 현재 국제 해사海事 사회의 다양한 과제에 적극 대응하고 있다.

바다의 UN 사무총장이라고도 불리는 이 자리에 한국이 2011년에 이어 두 번째로 도전하고 있다. 첫 번째 도전에서는 한국 등 6개국에서 후보를 냈다. 당시 한국은 단 두 표를 얻으면서 꼴찌를 차지했다. 이 선거에선 일본 국토교통성 출신 인사가 선출됐다. IMO의 중요성을 알고 있는 일본 정부의 전폭적인 지원 덕분이었다. 지금까지 유럽 출신 5명, 캐나다 · 인도 · 일본 출신이 각각 한 명씩 IMO 사무총장 자리를 맡아왔다.

30일(현지시간) 런던에서 치르는 선거에서 당선되는 차기 사무총장은 내년 1월부터 4년 임기를 시작한다. 올해는 한국 · 덴마크 · 사이프러스 · 러시아 · 필리핀 · 케냐 등 6개국에서 후보가 나왔다. 이번에는 한국의 임기택(부산항만공사 사장) 후보와 덴마크 후보가 2파전을 벌이고 있다. IMO 사무총장 선거는 후보자 개인의 역량도 중요하지만 해당 국가의 외교력이 더 영향을 미친다. 이에 대한민국 첫 사무총장의 선출을 위해 한국 정부와 산업계 등은 힘을 모아 외교전을 펼쳤다. 그러나 IMO 조직의 발전 방향, 해양의 안전을 통해 제시할 비전 등에서 부족함을 느낀다.

주요 해외 언론에선 IMO 사무총장 선거에 관한 칼럼 · 기사가 종종 올라온다. 이번 선거 결과와 별개로, 앞으로는 이런 자료를 검토하여 세계 해사계가 IMO에게 무엇을 기대하고 있는지 알아내어 외교 전략을 세우는 노력이 필요하다.

한국은 세계 조선 1위 국가다. 그리고 컨테이너 물동량 처리에서 세계 6위인 부산항과 보유 선복량에서 각각 8위, 15위인 선사를 갖고 있다. 이제 바다의 UN 사무총장을 배출할 만한 역량이 충분히 쌓였다. 이제 한국에서 IMO 사무총장이 나와야 할 때라고 본다.

중앙일보, 2015. 06. 30.

22
부산 크루즈 항만의 기대

부산은 조수 간만의 차이가 없고 태평양으로 연결되는 천혜의 항구이다. 부산은 그간 천혜의 환경과 국제 무역의 시스템 속에서 한국의 무역량 증대와 궤를 같이했다. 그런 가운데 파생 수요인 해운업과 항만 산업은 별다른 고민 없이도 성장할 수 있었다. 하지만 "자원 부국의 저주"와 같이 천혜의 환경은 항만의 기본 요건에 불과하지 필요충분조건은 아니다.

항만의 성장은 주어진 자연적인 여건을 어떻게 활용하느냐에 따라 그 사용 결과는 달라진다. 멀리 찾아볼 것도 없이 부산항의 가장 위협적인 존재인 중국 상하이 항만의 변모를 보면 쉽게 알 수 있다. 2000년 초만 하더라도 상하이항은 대형 선박이 입항하기 어려운 낮은 수심과 잦은 안개 때문에 항구로서의 기능을 더 이상 기대할 수 없다는 서방 세계의 조롱에 직면했다. 하지만 중국은 상하이에서 32km 떨어진 섬을 메워서 세계 최대의 컨테이너 터미널인 대소양산항大小洋山港을 2005년에 개장함으로써 서방 세계를 경악하게 만들었고, 그 영향은 고스란히 상하이로 향하는 환적 화물 처리로 즐거운 환호를 올렸던 부산항에 치명타를 안겼다.

부산항의 화물 처리를 능가하는 중국 항만의 화물 처리량에 우울해지는 것에 반하여, 부산항을 기항하는 크루즈선의 급증에 부산은 새로운 항만의 활력을 찾고 있다. 북항에 아시아 최대 규모인 국제여객터미널을 올해 초 개장하였다. 시민의 관심은 이제 대형 크루즈선 입항에서 쏟아져 나오는 관광객의 모습에서 지역 경제의 활성화를 기대하는 것으로 바뀌었다 해도 무리가 아니다. 하지만 통계에 따르면 올해 11월까지 98만 명이 크루즈선을 타고 한국에 입국했고 이 가운데 15% 정도만 부산항으로 입국하여 존재감은 기대 이하이다. 이러한 통계가 화물 처리 중심의 항만에서 문화 관광 중심으로 변모를 꾀하고 있는 부산 북항의 재개발에 찬물을 끼얹기보다는 인식의 변화를 촉구하는 것으로 삼아야 한다.

동북아 크루즈 시장을 살펴보면 부산항의 크루즈 관광 대책에 대한 답이 나온다. 우선 경쟁 항만인 일본의 상황을 살펴보면 지난 8일 크루즈를 통해 일본을 방문한 관광객이 100만 명을 돌파하였다. 크루즈 관광객의 절대 다수가 중국 상해를 출항한 중국인이며 주요 기항지는 상해에서 가까운 후쿠오카와 오키나와에 집중되고 있다.

현재 동북아 크루즈 시장은 중국이 주도하는 시장이며 상해－한국－일본으로 연결되는 항로 구성이 기본적이며 10일 이하의 단기 크루즈이다. 크루즈 선박은 부산과 일본 항만 간을 오가는 정기 여객선과 달리, 언제든지 항로를 변경하여 크루즈 고객이 원하는 항만으로 크루즈 상품을 구성하는 부정기선의 특징이 있다. 한번 항구가 지정되면 항로를 폐쇄할 때까지 고정적으로 기항해야 하는 여객선과는 전혀 다른 성격이다. 정통적인 크루즈선은 미국의 경우 하절기에는 카리브해, 동절기에는 알래스카로 기항하는 상품을 운영하며 항구는 매번 변경된다.

따라서 국내적으로 관광 인프라가 풍부한 제주, 수도권인 인천항 기항보다 훨씬 좋은 장점을 제공하면 크루즈선은 부산항에 기항할 것이라는 긍정적인 측면이 있다. 이와는 반대로 부산과 너무나 가까운 인근의 일본 후쿠오카 보다 크루즈 관광의 장점을 제공하지 못하면 부산항에 기항하지 않을 것이다.

이미 컨테이너 항만 정책이 적기 개발 등 시기 조절 실패에 따라 중국에 추격의 빌미를 주었다는 평가가 많은 만큼 부산의 크루즈 항만 정책은 전문가적 대처가 필요하다.

그리고 천혜의 자원을 가지고 있는 부산에 사람과 기술, 문화로 융성하는 부산의 관광 정책을 기대하는 것은 무리가 아닐 것이다.

부산일보, 2015. 07. 30.

23

부산 'K-FISH 클러스터' 육성

2015년 수산업은 전반적으로 위축된 한 해였다. 생산량은 어업별로 등락이 엇갈렸으나 가격 면에서는 불황에 따른 경기 위축과 메르스 사태 등의 악재로 인해 크게 고전했다. 게다가 작년 12월 20일 발효된 한·중 FTA로 인해 어업인을 비롯한 수산 관계자들은 수산업의 근간이 흔들릴 수 있다는 우려에 빠져 있다.

부산시는 수산 관련 학교·연구기관·기업·단체 등이 밀집되어 있는 대한민국 대표 수산 도시로 현 정부의 대선 공약인 '동북아 수산 식품 산업 클러스터'는 올바른 방향이라 할 수 있을 것이다. 그러나 부산시가 현재 추진 중인 자갈치시장 관광 명소화 사업, 부산 공동어시장 현대화 사업, 암남동 시푸드 밸리 조성 사업 등은 한·중 FTA를 통해 펼쳐질 거대한 기회를 잡기에는 부족한 면이 있다고 생각된다.

클러스터는 일정한 산업을 중심으로 구성되어 연관 기업과 연구소, 대학 등이 네트워크를 구축해, 정보 교류와 더불어 기술 개발 및 제품 개발 등에 시너지 효과를 발생시키는 것이나, 우리나라에서는 소액의 예산을 투입해 건물 몇 동 지어놓고 클러스터라고 칭하는 것이 현실이다.

하지만 국내 수산업의 생존을 위해서 '동북아 수산식품 산업 클러스터'는 그렇게 하면 안 된다. 제대로 된 수산업 융합 클러스터가 필요하다. 세계적으로 클러스터가 가장 효과적으로 작용하고 있는 ICT 분야를 적극적으로 벤치마킹하여 미국과 중국의 도약을 이끌고 있는 실리콘밸리, 중관촌과 같은 거대 클러스터로 육성해야 한다. 이를 통해 부산에 자리 잡은 수산 관련 기관 및 기능을 통합하여 수산업 발전을 위한 원스톱 체계를 구축해야 한다. 그리고 글로벌 수산업의 트렌드에 수산기업이 시의적절하게 적응하여 핵심 역량을 배양할 수 있도록 해야 한다.

'동북아 수산식품 산업 클러스터'를 김, 어묵, 넙치, 전복을 포함하는 국가 통합수산식품 브랜드인 'K-FISH'와 연계하여 'K-FISH 클러스터'로 명명하는 것이 어떨까? 이는 부산을 대한민국 수산식품의 메카로 각인시키는 효과가 있을 것이다.

수산업 융합 클러스터는 수산업의 새로운 활로를 열 수 있다. 클러스터 내에 수산업 관련 기관에 더해 수산기업에 비관세 장벽으로 작용하는 중국 내 유통·물류를 해결하기 위해 이를 책임지는 수출 대행 전문 기관을 클러스터 내에서 육성하고, 수산에 접목할 수 있는 ICT 관련 기업을 적극 유치해야 한다. 이를 통해 한·중 FTA와 이후 TPP, RCEP로 확대일로를 걷게 될 신개방시대에 적응할 수 있는 핵심 역량을 수산업에 심어 줄 수 있을 것으로 확신한다.

'K-FISH 클러스터'는 국내 수산업뿐만 아니라 동아시아 및 동남아시아 지역을 포괄한 동양의 수산업 허브로 자리 잡을 것이며, 아시아 수산업의 메카로 성장할 수 있다. 이를 현실화하기 위해서는 보다 많은 예산과 인력을 투입해야 할 것이다. 현실적으로 한정된 예산, 부족한 인력으로 인해 많은 난관이 있기 때문에, 이를 타개하기 위한 정부의 대책이 필요하다.

2016. 01. 07.

24
국적 크루즈선의 출범과 부산

1986년 여름 약 50일간의 어선 승선 이후 지난여름의 컨테이너선 승선까지 여러 종류의 배를 수차례 타봤다. 그러는 동안 디럭스한 크루즈선이 아니면 체력상 승선이 힘들다고 느끼게 되었는데, 마침 국적 크루즈 선이 올해 출범한다는 소식에 마냥 반갑기 그지없다. 우리나라 전체 수출 물량의 약 22%를 담당하는 2개의 국적 해운사 중 하나가 정리될 수도 있다고 하는 정부의 방침 속에 국적 크루즈선의 출범은 한국 해운 산업의 획기적인 전기를 마련하는 발판이 될 것으로 본다.

최근 세계적으로 사람들의 여가 시간이 증가함에 따라 크루즈 관광의 이용이 확산되면서 크루즈라는 단어도 널리 인구에 회자되고 있다. 동북아 지역을 중심으로 한 아시아 크루즈 시장은 지속적인 경제 성장, 독특한 관광지 그리고 양호한 지리적 조건에 힘입어 새로운 크루즈 시장으로 부상하고 있다. 2013년 기준 아시아 크루즈 관광객은 137만 명으로 전년 대비 6.5% 증가했다. 중국(상하이, 천진, 샤먼, 홍콩)과 한국, 일본, 대만을 연계하는 동북아시아 크루즈 시장을 중국이 주도하고 있다.

크루즈선은 항해 중 선상에서 여가를 즐기고 항해 중간에는 기항을 통한 관광과 새로운 경험뿐 아니라 선박의 편의 시설을 이용하면서 위락을 목적으로 하는 여객선이다. 지난해 6월에 세계적 크루즈 선사인 카니발은 위락이나 휴가가 아니라, 선상에서 기항지 언어 습득과 기항지에서의 자원봉사 활동을 하는 7일짜리 크루즈 신상품을 출시한다고 발표했다. 정말 다양한 크루즈 상품들이 나오고 있다.

크루즈선은 선박 크기별로 승객 500명 정도까지 수용하는 소형(2만 5천 GT 이하), 승객 1,500명 규모를 수용하는 중형(2만 5천~7만 GT), 승객 2,500명 규모까지 수용하는 대형(7만~10만 GT) 그리고 2,500명 이상의 승객을 수용할 수 있는 초대형(10만 GT 이상)으로 구분할 수 있다. 크루즈 선박도 대형화되고 있다. 2005년 이전에 건조된 크루즈선의 평균 총 톤수가 5~6만 톤 급이었는데, 최근에는 15~20만 톤급으로 대형화 되고 있다. 크루즈 선은 척당 단가가 5억~10억 달러에 달하는 최고가 선박이다. 관광객들이 편안하게 이용할 수 있도록 고도의 방음·방진 기술과 고급 인테리어 기술이 필요한 고부가가치선이다.

일본은 1980년대 말에 자국의 크루즈선 운영을 시작한 이래 현재는 2만 3천 톤 1척, 2만 7천 톤 1척, 5만 1천 톤 1척을 운항 중이다. 중국은 세계적인 크루즈 선사인 로열 캐리비언 인터내셔널과의 합작을 통해 4만 톤 급 중고 선박으로 시작했는데, 최근 7만 톤 급의 3번째 선박을 운항하고 있다.

해양수산부가 2013년 7월에 발표한 크루즈 산업 활성화 대책에 따르면, 3만 톤 급 국제 크루즈선 1척 투입 시의 경제적 효과로 902억 원의 부가가치와 968명의 고용을 창출할 수 있는 것으로 보고 있다. 그리고 14만 톤 급 크루즈선 1척의 건조에 아파트 1,200

세대(20층 15동)를 건설하는 데 필요한 건설 기자재가 소요된다고 한다. 이러한 이유로 크루즈 관광 산업은 21세기 가장 유망한 성장 산업 중 하나로 주목받고 있다.

2015년 한국을 기항하는 크루즈선의 방문 회수에서 7만 톤 이상의 대형선과 초대형 크루즈선의 방문 회수가 차지하는 비중은 약 79%이다. 오늘날의 크루즈 산업은 선박의 초대형화가 그 특징이다. 당연히 규모의 경제를 통한 승객 1인당 단가의 인하라는 목적에서 비롯되었다.

지난해 연말 대한민국 국적 크루즈 선사 출범이 가시화됐다. 부산지역 크루즈 선사인 팬스타라이너스와 현대상선은 지난 23일 크루즈 선사를 운영할 합작 법인인 코리아크루즈라인㈜를 설립하고 법인 등기를 완료했다. 국적 크루즈선을 가동하기 위해서는 중고선이든 신조선이든 먼저 선박이 있어야 한다. 올해 말까지 7만 GT 급 크루즈선을 확보해 2천 명 승객 정원으로, 초기에는 한·중·일 중심 동북아 항로 운항 후 아시아와 대양주로 항로를 확대할 계획이라고 한다.

선령 20년 미만의 7만 톤 급 중고 크루즈 선의 구입비용은 약 2억 5천만 달러, 그리고 그것의 운영비용은 약 1억 5천만 달러로 총 비용이 약 4억 달러로 추산된다. 선박 금융 등 크루즈선 도입에 필요한 자금 확보가 절실하다 하겠다. 2012년에 설립되어 1년 만에 폐업한 우리나라 크루즈 선사에서 운영한 크루즈선은 2만 6천 톤 급이었다.

현재 동북아 크루즈 시장은 중국이 주도하는 시장이며 상해-한국-일본으로 연결되는 항로 구성이 기본적이며 10일 이하의 단기 크루즈이다. 크루즈 관광객의 절대 다수가 중국 상해를 출항한 중국인이며, 주요 기항지는 상해에서 가까운 곳인 후쿠오카와 오키나와에 집중되고 있다. 크루즈 선박은 부산과 일본 항만 간을 오가는 정기여객선과 달리 언제든지 항로를 변경하여 크루즈 고객이 원하는 항만으로 크루즈 상품을 구성하는 부정기선의 특징이 있다. 한 번 항구가 지정되면 항로를 폐쇄할 때까지 고정적으로 기항해야 하는 여객선과는 전혀 다른 성격이다.

국적 크루즈 선의 출범으로 크루즈 대중화 시대로 진입하는 시점에 관광 인프라가 풍부한 제주와 수도권인 인천 그리고 부산과 너무나 가까운 일본 하카다(후쿠오카)를 감안할 때, 올해 크루즈선이 226회 입항할 예정인 부산항과 부산시의 역할이 자못 기대된다.

부산일보, 2016. 02. 15.

25
독도

"사람은 아무도 그 자체로 온전한 섬이 아니다. 모든 사람은 대륙의 한 조각, 본토의 일부일 뿐이다No man is an island, entire of itself; every man is a piece of the continent, a part of the main." 17세기 영국 시인 존 던(1572~1631)의 '병의 단계마다 드리는 기도'라는 산문집에 실린 17장의 묵상 중에 나오는 구절이다.

유엔 해양법협약에 따르면 섬이란 '사면이 물로 둘러싸여 있고 밀물 시에도 수면 위에 있으며 자연적으로 형성된 지역'을 말한다. 이는 어떠한 지형물이 섬이 되기 위한 세 가지의 중요한 요건을 제시하고 있다. 즉 섬은 첫째, 사면이 물로 둘러싸여 있을 것, 둘째, 밀물 시에도 항상 수면 위에 있을 것, 셋째, 자연적으로 형성된 육지 지역이어야 한다는 것이다.

우리나라에는 가장 동쪽에 있는 독도, 가장 남쪽에 있는 마라도, 그리고 가장 서쪽에 있는 격렬비열도를 포함해 3천 개가 넘는 섬이 있다. 섬은 육지에 살고 있는 사람들에게 있어서도 아주 중요한 역할을 하고 있다. 외해에 있는 섬은 200해리 배타적 경제수역과 대륙붕 등 우리나라의 영역 확보를 위해 아주 중요한 존재이다. 해양

자원의 보존과 이용, 항해의 안전 확보, 바다의 치안 유지, 식량의 확보, 기상과 해상의 관측 등 중요한 역할을 한다. 섬은 많은 귀중한 문화와 전통, 역사 유산을 지니고 있으며, 소중한 자연환경을 갖추고 있다. 도시의 사람들이 잊고 있는 시간의 흐름이 섬에는 존재한다.

21세기 해양 자원에 대한 관심이 점점 높아지면서 섬의 영유권과 그에 따른 해양 영토에 대한 국가 간의 이해가 첨예하게 대립하여 이에 대한 해결이 쉽지 않은 상황이다. 또한 국민의 관심이 높아지고 민족 감정까지 뒤섞이면서 국가 간의 협상에 의한 해결은 더욱 힘들어지고 있다.

부산에서 배로 2시간도 채 안 걸리는 대마도를 갈 때마다 어떻게 이 섬이 우리나라 영토가 아니라 일본 영토가 되었는지 모르겠다는 생각을 한다. 이렇게 생각하는 건 나만이 아닐 것이다. 지난달 26일 '섬의 가치와 그 지정학적 이슈'라는 주제로 영국, 중국, 인도, 필리핀 및 한국의 학자를 초청해 국제 학술대회를 주관했다. 영국인 교수는 1885년 4월 15일부터 1887년 2월 28일까지 약 23개월간

영국 해군이 점령했던 거문도와 동아시아의 섬을 둘러싼 당시의 지정학적 고찰을 발표했다. 당시 거문도는 군사 전략상 중요한 길목에 위치하고 있어서 열강들이 탐을 내는 섬이었다. 그는 섬의 과거사만이 아니라 우리가 앞으로 우리의 섬을 어떻게 바라봐야 하는지를 다시금 일깨워 줬다.

우리나라 사람으로 섬 하면 떠오르는 곳은 아마 독도와 제주도, 그리고 울릉도 등일 것이다. 최근에 발표된 일본 문부과학성의 검정 교과서는 독도를 일본의 고유 영토라고 기술하고 있다. 이에 따라 일본의 초·중학교에 이어 대부분의 고교에서도 '독도가 일본 땅이며 한국이 불법 점거하고 있다'는 식으로 기술하고 있다. 우리는 독도 영유권에 대한 일본의 왜곡된 주장을 너무나 자주 접해 왔다. 이에 대한 우리의 대응도 항상 해 오던 과거 역사가 어떻고 하는 것 말고는 새로운 뭐가 보이지 않는다. 독도에 대한 일본의 조치가 나오면, 머리에는 바로 우리의 예상 답안이 떠오를 지경이다. 항상 해 오는 대응이 틀렸다는 게 아니다. 물론 어떤 획기적인 답이 나올 사안이 아닌 만큼 이해 안 되는 바는 아니다.

나는 오래전부터 독도를 생각하면서 엉뚱한 생각을 해 왔다. 독도를 '선박특구'로 지정하는 건 어떨까. 제주도는 중국인 관광객이 넘쳐나는 섬이다. 우리 국적선의 해외 치적을 막기 위해 2002년 제주 국제자유도시 출범에 맞춰 도입된 제주 선박 등록 특구제도에 힘입어, 제주특별자치도는 2010년 기준 등록세만으로 179억 원의 수입을 올렸다. 우리나라에 있는 국제 선박의 98%에 해당되는 915척이 선적지를 제주에 등록한 결과다.

개항 문제, 세무, 등록 관청 등 법적인 어려운 문제가 많지만, 우리 국적선을 등록하면 인센티브를 주는 선박특구 제도를 독도에도 도입하는 안을 검토해 보면 어떨까 한다. 이를 통해 얻는 수입은 독도 관련 사업에 사용하자. 과거에 어떠했다가 아니라, 독도의 미래 비전을 새롭게 제시하는 자세가 필요하다. 독도에 대한 실효적 지배의 강화에도 일조하리라 본다.

부산일보, 2016. 04. 18.

26
벼랑 끝에 선 한국 해운

일본 도쿄에서 남서쪽으로 820km 떨어져 있는 에히메 현의 이마바리今治 시는 일본의 조선산업 중심지로 익히 알려져 있으나, 중소 선주들이 밀집해 있는 곳이라는 것은 잘 알려져 있지 않다. 에히메 현은 일본 선박의 31.2%(1천35척, 2014년 기준)를 소유하며 중소 해운사 60여 업체가 소재한 곳이다. 대개 3~4대 이상 가업을 이어 가는 전통 있는 선주들이다. 대부분의 선주가 20척 미만의 선

대를 가진 중소 규모의 해운사이다.

에히메 현에는 여러 해운사가 오랫동안 영업을 하면서 선박 관리 회사, 선박부품 공급회사, 보험회사 등이 어우러져 견고한 해운 클러스터가 형성되어 있다. 에히메 현의 해운사와 조선소의 관계를 보면, 조선소는 선박 건조 대금의 분할 결제를 허용하고, 달러 대신 엔화로 선박 대금을 결제할 수 있도록 하여 해운사의 선박 발주를 쉽게 하고 있다. 선박 건조 계약은 대개 달러로 결제하는 것이 관행이지만, 엔화로 결제할 수 있게 하여 해운사가 건조 자금을 더 쉽게 조달하도록 배려한 것이다.

또한 에히메 선주들과 은행의 관계는 독특하다. 에히메 선주는 주간 단위로 은행과 사업 상황을 공유하는 미팅을 정례화하여 상호 신뢰를 갖고 거래를 하고 있다. 이러한 미팅에 초대받지 못한 은행은 거래 기회를 갖지 못하게 된다. 에히메 선주들에 대한 선박 금융은 에히메 현의 지역 은행인 이요은행과 에히메은행 두 곳에서 주로 공급한다. 에히메 현의 선주들이 조선소와 은행의 협력을 받으며 오랫동안 전통을 유지하면서 건실한 사업을 펼치고 있는 것은 선박 발주 단계에 용선 계약을 확보하여 선박 건조 계약과 금융 계약을 맺기 때문이다. 즉, 장기간 확정된 선박 운임 수입을 기반으로 조선사와 해운사, 선박 금융 은행의 협력 시스템이 공고하게 구축된 것이다. 이런 과정을 통해 에히메 현의 해운사들은 해운 클러스터 속에서 해를 거듭하며 이어지고 있는 장기 해운 불황을 비교적 잘 헤쳐 나가고 있다.

우리 해운업계는 5월 31일의 바다의 날을 앞두고, 2년 전 세월호 참사 직후의 바다의 날 만큼이나 착잡한 분위기 속에 있다. 몇몇 중견 해운사는 흑자를 내고 있지만, 세계 8위의 한진해운과 18위의 현대상선을 둘러싼 해운업계 구조조정에 신경이 곤두서 있다.

해운 산업은 무역의 파생 수요이며, 항만산업과 조선산업은 해운의 파생수요이다. 즉 무역, 해운, 항만 그리고 조선업은 시차를 두고 하나의 축으로 움직인다. 해운 산업은 특성상 호황은 짧고 불황이 긴 기간산업이다. 해운 불황 타개를 위해 1984년에는 63개 해운사를 17개로 통폐합하는 해운산업 합리화가 시행됐다. 그리고 1997년 외환위기 시 정부가 부채비율 200% 기준 준수를 요구한 것이 해운사의 보유 선박의 매각 및 용선 확대로 이어졌다. 더욱이 2000년대 중반부터 중국 물동량의 급증으로 호황을 맞게 되자 해운업계는 선박 매입보다 용선을 확대했다. 그러다 2008년 9월 미국 투자은행 리먼 브라더스 파산에서 시작된 글로벌 금융위기 이후 해운 서비스 초과 공급이 지속되는 가운데 지금에 이르렀다.

해운업을 영위하기 위해서는 중고선이나 신조선을 소유하거나 용선해야 한다. 해운사로서는 부채 비율 200% 기준을 지키면서 용선과 소유선의 비율을 해운사 사정과 해운시장의 경기 예측에 따라 정해야 한다. 이러한 예측 자료는 어디서 구해야 하는가. 해운 경기 예측은 해운사에만 중요한 것이 아니라 해운 정책 수립에도 필수적이다. 해운 정책의 목표와 해운 산업의 상황 사이에 괴리가 발생하면 정책 동인이 생기게 된다. 이 정책 동인에 의거해 구조 정책이나 순환 정책 등이 재빨리 도입되어야 한다. 이는 정확한 해운 경기 예측에 바탕을 두어야 한다. 하지만 세계 경제, 국제 무역, 조선 등과 함께 연동하지만 시차를 두고 나타나는 해운 경기의 예측은 복잡다단할 수밖에 없다. 향후 해운 경기 예측 능력의 보강이 절실하다.

앞날을 장담할 수 없는 이번 구조조정에서 양대 해운사의 유지를 위해 우리가 부담해야 할 금액, 그리고 양대 해운사 부재 시 우리나라의 해운, 무역, 항만 및 조선업계가 입을 손실액을 비교해 볼 필요가 있다. 채권단 공동 관리의 전제 조건인 용선료 인하 협상 작업을 원만히 치르고, 한국의 해운업계가 다시 장탄식하는 일이 없는 방향으로 최적의 구조조정이 추진되길 바란다. 또한 우리나라의 선주들도 안정적인 장기 용선계약을 바탕으로 조선소와 선박 금융 은행의 협력 속에서 에히메 선주들처럼 3~4대 이상을 이어가는 전통을 세워 가기를 기대해 본다.

부산일보, 2016. 05. 11.

27
FTA 활용과 수산업

올해의 경제 부처 업무보고에서 기획재정부는 내수·수출의 균형, 산업통상자원부는 수출 회복을 통한 경제 활성화 방안, 그리고 해양수산부는 FTA를 활용한 수산업의 경쟁력 강화에 대해 각각 보고했다.

지난해 말 우리나라는 한·중 FTA를 포함해 신규 FTA 3개를 발효했다. 2015년 12월 20일 우리의 제1위 교역 대상인 중국, 오세아니아의 주요 시장인 뉴질랜드, 그리고 우리의 제4위 투자국인 베트남을 대상으로 추가 협정이 발효됐다. 이 협정은 모두 2015년 상반기인 3월과 6월에 체결되었고, 신속하게 발효를 이뤄냈다. 이로써 14개 FTA가 발효되었고 국가 수로는 51개 국가와 자유무역 시장이 형성된 것이다.

일반적으로 FTA가 체결되면 시장 개방의 정도와 시기를 정한다고 할 수 있는 품목별 양허 유형에 대해서 관심을 갖는다. 우리 시장은 얼마나 지키면서 상대국의 시장을 얼마만큼 얻었는지, 즉 협상이 효과적으로 달성되었는지가 최고의 관심사이다. 양허 유형에 따라 성공적이라거나 그렇지 않다는 식으로 평가가 달라진다. 양허 유형에 따라서 얼마만큼 성공적인 협상이었는지를 평가하는 것은 당연한 일이다.

하지만 다른 각도에서 보면, 단순히 양허 유형이 아니라 그것을 얼마나 잘 활용할 수 있는지를 생각해 볼 필요가 있다. 유리한 양허 유형이지만 활용을 위한 규정을 제대로 이해하지 못해 이를 활용하지 못한다면 아무런 소용이 없다. 협정을 체결하고 나서는 원산지 규정 등 장벽으로 작용할 수 있는 세부적인 부분에 대한 대응 역량이 중요해진다. 이러한 장애 요인으로 작용할 수 있는 규정은 대기업에는 큰 문제가 되지 않을 수 있다. 규정이 얽히고 설키어 '스파게티볼 효과'가 발생하더라도 대기업은 체계적으로 이를 관리하고 극복할 역량을 스스로 보유하고 있다. 반면 중소 · 중견 기업들은 그렇지가 못하다. 스스로 극복할 역량을 가지고 있는 기업이 많지 않아 보인다. 수산업계의 사정도 마찬가지이다.

한 · 중 FTA의 내용을 살펴보면 중국으로부터 주로 수입하는 수산물의 대부분을 관세 철폐 의무가 없는 초민감 품목으로 양허해 국내 수산업을 보호하기 위한 조치를 취했다. 현재 국내 20대 생산 품목에 해당하는 오징어, 광어, 멸치, 갈치, 김, 고등어, 꽃게, 전복, 조기 등 전체 생산액의 85%가 초민감 품목에 포함되어 있다.

반면에 중국 수산물 시장은 품목 수 99%, 자유화율 100%로 완전히 개방되어 있고, 김, 미역, 광어, 전복, 해삼 등 62개 주요 품목의 대부분이 관세 즉시 철폐 또는 10년 내 조기 철폐 대상으로 되어 있어 시장 개방이 가속화할 것으로 보인다. 특히 원산지 규정에 있어서도 수출 가능성을 제고하기 위해 완화된 규정을 반영한다는 점에서 의미가 있다. 이러한 상황에서 한 · 중 FTA를 우리나라 해양수산업의 70%를 차지하는 부산을 중심으로 수산업이 재도약하는 큰 기회로 활용할 수 있어야 할 것이다.

대한민국 대표 수산 도시인 부산에는 수산 관련 학교 · 연구기관 · 기업 · 단체 등이 밀집되어 있다. 부산시가 현재 추진 중인 자갈치시장 관광 명소화 사업과 암남동 시푸드 밸리 조성 사업도 한 · 중 FTA를 적극적으로 활용할 필요가 있다.

중소 · 중견기업의 FTA 활용률은 여전히 미흡하지만, 2014년 59%에서 2015년 11월 기준 65.1%로 향상됐다. FTA 1380 콜센터, 전국 지역 FTA 활용지원센터를 통한 교육 · 상담 · 홍보 및 FTA 원산지 관리 시스템의 보급 · 확산 등에 힘입은 바가 크다. 이뿐만 아니라 무역협회, 관세청, 대한상공회의소 등도 수시로 FTA 활용 설명회를 개최하거나 FTA 포털, FTA KOREA, 무역 인증 서비스센터 등을 통해 기업의 FTA 활용을 지원하고 있다.

전반적으로 위축되어 있는 수산업계도 한 · 중 FTA 활용 지원을 위해 여러 기관에서 제공하고 있는 정보와 컨설팅 서비스를 적극적으로, 그리고 효율적으로 활용할 수 있도록 노력해야 한다. FTA 활용지원센터는 수산업 분야의 FTA 교육 · 상담에도 더 많은 지원을 강화해야 할 것이다. 이를 통해 현 정부의 대선 공약이었던 '동북아 수산 식품산업 클러스터'를 부산에 성공적으로 구축하고, 김, 어묵, 넙치, 전복 등을 포함한 국가 통합 수산 식품 브랜드인 'K-FISH'의 수출 증대를 통해 어업인을 비롯한 수산 관계자들의 발전과 성장을 기대해 본다.

부산일보, 2016. 06. 08.

28
한진해운! 한국해운!

대한해운공사를 아는가? 1949년 12월 20일에 문을 연 우리나라 최초의 선사이자, 광복 이후 대한민국 최초의 국영 기업이었다. 우리 해운업과 무역업을 영위하기 위해 설립된 대한민국 교통부 산하 공기업이었다. 정부가 수립된 뒤 최초로 만든 국영 기업이 선사였다니 한진해운 청산이라는 작금의 사태에 비추어 볼 때 놀라울 따름이다.

당시로서는 민간이 외항 해운업을 운영하기가 어렵기 때문에 국영 기업으로 한국의 외항 해운업을 발족시켰다. 당시 우리의 경제 상황을 고려할 때 가히 선견지명이 높을 뿐 아니라 충격적이라고 할 수 있는 해운 정책이었다. 당시 지도자와 관료들은 이미 해운산업의 중요성을 꿰뚫고 있었다. 그렇지 않았으면, 대한해운공사는 발족되지 않았을 것이다.

그 후 대한해운공사는 1968년 7월에 민영화됐고 1980년 이후 대한선주와 대한상선으로 사명을 변경했다가, 1988년 12월 한진해운에 합병되었다. 1949년에 설립되었으니 약 40년 만에 사라졌지만, 그래도 한진해운으로 한국 해운의 역사가 승계되었다.

한편 한진해운은 1977년에 설립된 이래 약 40년이 지난 지금 대한해운공사처럼 이제 역사의 뒤안길로 사라질 운명에 처해 있다. 국내 1위 세계 7위, 즉 우리나라 해운의 대명사에 해당되는 한진해운과 같은 국적 선사가 이 땅에 다시 등장할 수 있을지 심히 의문이다.

지난 9월 13일 국무회의에서 대통령은 공개적으로 한진해운에 대해 처음으로 고강도 비판의 발언을 했다. 석 달이 지난 12월 13일에 '한진해운은 기업으로 존속할 수 없다'는 회계법인의 보고서가 법원에 제출되었다. 덴마크의 머스크Maersk, 스위스의 엠에스시MSC, 프랑스의 시엠에이시지엠CMA-CGM 글로벌 해운사들도 상당한 어려움을 겪고 있는 가운데, 몸집을 불리면서 해운 시장에서 고군분투하고 있다. 이들 정부는 자국적 선사에 금융 지원을 아끼지 않고 있다.

한진해운 사태의 1차 책임은 그 기업을 맡아온 경영 주체에 있다는 것은 말할 필요도 없다. 또한 한진해운이라는 기업이 해운산업에서 차지하는 역할을 볼 때 기업의 관점보다 산업의 관점에서 정부가 책임을 져야 할 부분도 있다. 최근 약 10년간의 해운경기 속에서 기업 경영이 아니라 산업 경영을 맡아온 정부는 경고음을 울리거나 올바른 정책 수단을 수립해 해운 기업에 제시했어야 했다. 장관급 조직인 해양수산부와 같은 정부 기관이 세계 해운의 1, 2, 3위 선사가 속한 나라인 덴마크, 스위스 및 프랑스에도 있는지 궁금하다. 한마디로 순서야 어찌 되었든, 정치 지도자의 의지, 관료의 역량, 기업인의 전문성과 헌신 등 모든 게 부족했던 점이 한진해운 사태의 근본 원인이다.

어느 해보다 우울했던 한 해가 저물어가고 있는 가운데 한국 무역과 한국 경제를 떠받쳐왔던 한국 해운도 저물어가고 있다. 67년 전에 설립된 대한해운공사를 합병했던 한진해운이 무너졌다는 것은 우리나라 외항 해운의 뿌리가 이제 사라진다는 것을 의미한다. 한국 해운사에 아니 세계 해운사에 길이 기억될 사건이다.

1979년에 국내 선사로선 최초의 극동~유럽 정기 항로를 개설할 만큼 우리 해운을 주도했던 조양상선도 2001년 한순간에 사라졌다. 이제 우리는 한진해운 사태를 반면교사로 삼아 한국 해운이 재도약할 수 있도록 산 · 관 · 학 · 정이 머리를 '새롭게' 맞댈 준비를 해야 한다. 글로벌 경제 시대에 해운은 사람의 몸으로 치면 두 다리와 같은 것이다.

한겨레신문, 2016. 12. 29.

29
선박 금융 양적 완화와 '해운 굴기'

지난해 글로벌 해운업계의 톱뉴스였던 '한진해운의 붕괴'를 뒤로 하고 새해가 시작됐다. 정부와 해운업계는 절치부심하며 해운업 재건을 위해 여러 가지 정책을 예고하고 있다.

우리나라 해운사가 유동성을 확보할 수 있도록 자본금 1조 원을 투입하여 '한국선박회사'가 설립된다. 해운사가 가지고 있는 선박을 '한국선박회사'가 매입하여 같은 해운사에 다시 빌려주는 방식소위 Sale & Leaseback으로 해운사의 재무 구조를 개선시킨다는 구상이다. 지금 '한국선박회사' 사장을 선임하는 절차가 진행되고 있으므로 곧 선박회사가 가동될 것으로 보인다. 또한 '선박신규지원 프로그램'은 종전 1.3조 원 규모에서 2.6조 원으로 확대하고, 지원 대상 선종을 컨테이너선에서 벌커와 탱커로 넓힌다고 하니 더 많은 해운사가 선대 교체나 확대를 계획할 수 있을 것으로 예상된다. 여기에 더하여, 정책 금융 기관들이 이미 실시하고 있는 선박펀드를 보다 더 선제적으로 운용하고, 캠코의 '중고선박 매매 프로그램'의 규모도 당초 1조 원에서 2019년까지 1.9조 원으로 확대한다고 한다.

위의 정책에 동원되는 자금 규모를 대충 합산하면 7.5조 원에 이른다. 이 정도의 자금 규모는 한진해운이 법정관리에 들어가기 전에 가지고 있던 선박 장부가치의 1.5배이고, 현대상선이 가지고 있는 선박 가치의 2.5배에 해당한다. 금융 위기를 극복하기 위하여 달러를 찍어서 헬리콥터로 뿌리겠다고 했던 벤 버냉키의 양적 완화 조치에 비견될 정도로 가히 우리나라 선박 금융의 양적완화 시대가 펼쳐진다고 할 수 있다. 우리나라 해운산업 재건을 위해 정부가 공급하는 선박 금융의 실행과 관련하여 해운기업 입장에서 보면 몇 가지 정책적 고려가 필요하다.

첫째, 선박 금융을 이용하는 해운사가 낮은 이자율로 장기간 이용할 수 있도록 해야 한다. 시장에서 선박 금융이 공급되지 않는 시장 실패를 정책 금융 기관을 동원하여 보완하겠다는 정책 목적을 달성하기 위해서는, 해운 경기 침체기를 통과하고 있는 우리나라 해운기업이 부담할 수 있는 수준의 비용으로 장기간 안정적으로 활용할 수 있는 '따뜻한' 정책 실천이 이루어져야 한다. 캠코가 과거에 운용했던 선박펀드의 금리가 최대 8.5% 수준이었는데, 이를 이용했던 선사에 부담이 되는 금리였다는 평가가 있다.

둘째, 위의 선박 금융 공급은 산업은행과 수출입은행, 그리고 캠코 등 기존의 금융 기관이 주축이 되어 이루어진다는 점을 주목해야 한다. 금융인은 태생적으로 위험이 있는 거래는 피하고 우량한 거래는 선별해서 금융을 제공하는 선택적 행위를 한다. 이는 금융인으로서 너무나 당연한 행위이고 이를 비난해서는 안 된다. 문제는 경기 순환의 진폭이 깊고 주기가 매우 다양한 해운산업의 특성을 고려하지 않고 지나치게 금융 논리로 위의 선박 금융이 공급된다면 양적 확대의 효과를 기대하기 어려울 것이다. 이런 문제점을 해소하기 위해서는 선박 금융 공급과 관련한 의사 결정 과정에 해운 전문가 집단이 참여하는 구조가 필요할 것이라고 본다. 특히 '한국선박회사'는 자금 공급뿐만 아니라 선박 관리까지 담당할 것이라고 하니 경영진을 해운업 전문인으로 구성해야 하는 것은 당연하고, 업무 감독권을 해양수산부가 갖는 것까지도 허용해야 할 것으로 본다. 외국의 사례를 보면 '한국선박회사'는 선박 공급 해운업자 Tonnage Provider에 해당하므로 해양수산부의 감독 아래에 두는 것 또한 당연하다고 할 수 있다.

마지막으로, 해운산업의 장기 불황 속에서도 몇몇 해운사가 출자하고 정책 금융 기관이 대주주로 참여하여 설립한 한국해양보증보험을 해양금융공사로 전환하는 정책 결단이 요망된다. 글로벌 해운 불황에 대응해서 국적 선사에 금융을 공급할 선박금융공사를 설립한다는 해운 기업인들의 열망은 외국의 WTO 보조금 시비를 빌미로 한국해양보증보험 설립으로 귀착하였고 금년에 설립 3년차에 이르게 된다. 그러나 미국은 해운청MARAD에서 미국 상선의 현대화 및 확충을 위해 '선박구매자금보증' 제도를 직접 운영하고 있다. 선박구매자금보증은 최대 25년 동안 선박 가격의 87.5%까지 지원하며, 현재 보증 잔액이 2조 원에 이르고 있다. 우리나라도 미국 해운청의 선박 구매자금 보증 제도를 모델로 하여 한국해양보증보험을 해양수산부 산하의 해양금융공사로 전환하여 국적 선사에 선박 금융을 공급하는 기능을 전담하게 하는 것이 필요하다. 이를 통해 해운산업의 경기 순환에 대응하여 항구적이고 안정적인 선박금융 공급이 가능해질 것이다.

18세기 중반 자유무역 이론을 주창했던 영국의 아담 스미스는 그의 저서 '국부론'에서 영국의 국력은 선원 수와 해운에 달려있다고 강조하면서, 정말 강력한 해운 보호 정책의 정수精髓를 담은 항해조례Navigation Act를 적극 옹호했다. 당시 영국은 자국 선대를 세계 최대 규모로 확대하면서 이후 100년간 이어지는 해양 대국을 건설했다.

정부는 해운산업 경쟁력 강화를 통해 '세계 해운 강국'을 만들겠다는 비전으로 선박 금융 양적 확대 조치를 발표했다. 2017년! 세계 해운사海運史의 희귀한 사건으로 기록될 '한진해운 붕괴'의 굴욕을 한꺼번에 만회하고 '세계 해운 강국'으로 우뚝 서는 대한민국 해운산업 굴기의 한 해를 기원한다.

한겨레신문, 2017. 01. 30.

30
대마도와 독도

부산항만공사에 따르면 부산항과 일본을 여객선으로 왕래한 여행자는 2014년 99만 9,000명, 2015년 112만 9,000명, 2016년 120만 4,086명으로 증가했다.

2016년 여행객 중 가장 많은 인원이 부산~대마도對馬島 항로를 이용했다. 이 노선 이용자는 52만 5,000명으로 전체의 43.6%를 차지했고, 다음이 후쿠오카(42만 7,000명), 시모노세키(17만 7,000명),

오사카(6만 9,000명) 순서였다. 올해 여객선을 이용해 부산과 일본을 왕래하는 여행객은 125만여 명에 달할 것으로 예상된다.

이들 여행객의 국적에 주목하고자 한다. 법무부 부산출입국사무소 통계가 가장 정확한 수치지만, 이를 알기는 용이치 않다. 이들 항로 승선 경험이 많은 필자가 선사와 면담 조사한 바에 의하면 오사카, 후쿠오카, 시모노세키 이용객 중 약 85~90%가 한국인이다. 일본인은 10~15% 수준이다.

2001년 고속 여객선이 개통된 부산~대마도 간 항로의 작년 여행객은 왕복 52만 5,000명인데, 그중 한국인은 99% 이상으로 추산된다. 약 26만 명의 한국인이 대마도를 방문하고 온 셈이다. 반면 일본인이 이 항로로 부산을 방문하는 경우는 극히 드물다.

부산~히타카쓰와 부산~이즈하라 항로 선임은 선사 간 과당 경쟁으로 아주 저렴하다. 예컨대 2월 20일 9시 부산 출발 히타카쓰 항 10시 10분 도착, 14시 히타가쓰 항 출발 부산 15시 10분 도착의 당일치기 선임은 5만 9,900원이다. 그리고 우리나라 국제 항로 여객선 취항 사상 첫 신조선으로 승객 440명 정원의 배도 투입되고 있으니 갈수록 대마도를 찾는 한국인은 늘 것이다.

5~6년 전까지만 해도 대마도 행 승선 시 들리는 말투는 경상도 말씨가 대부분이었지만, 이제는 전국의 말씨가 들릴 정도로 대마도 행 열기는 전국적이다.

선사와의 면담에 따르면 약 26만 명 중에 당일치기는 50%, 1박 2일은 45%로 추산된다. 면세품 구매를 제외하고 현지 소비 금액이 당일치기는 약 5만원(교통비, 식음료비, 일용품 구입비), 1박 2일은 약 20만 원, 2박 3일은 40만 원을 사용하는 것으로 가정하면 약 26만 명의 한국인이 지난해 약 350억 원을 대마도에서 소비한 것으로 추산된다.

단거리 승선, 저렴한 선임, 면세품 구매 그리고 섬의 독특한 매력에 이끌려 면적 709km^2, 인구 약 3만 명의 조용한 섬을 한국 여행객들이 가득 메우면서 지역 경제에 지대한 기여를 하고 있다.

일본 문부과학성은 초 · 중등학교 사회과 신 학습지도 지침에 독도를 일본 고유 영토로 처음 명기하기로 방침을 굳혔다. 우리가 탄핵정국으로 어수선한 틈을 타 독도 문제를 다시 들고 나선 느낌을 지울 수 없다. 우리는 독도 영유권에 대한 일본의 왜곡된 주장을 자주 접해 왔지만, 과거 역사가 어떻고 하는 대응 말고는 새로운 것이 없었다. 대마도에 대한 우리의 열기와 독도에 대한 냉기에서 무엇을 느끼는가?

우리 헌법 제3조는 '대한민국의 영토는 한반도와 그 부속도서로 한다'라고 규정하고 있다. 적당히 큰 섬은 도島라 하고, 작은 섬은 서嶼라 하여 이 둘을 통칭 도서라 한다. 국토교통부에 따르면 우리나라에는 가장 동쪽에 있는 독도, 가장 남쪽에 있는 마라도, 그리고 가장 서쪽에 있는 격렬비열도를 포함해 3,677개의 도서가 지적공부에 등록되어 있다. 이 중 사람이 사는 유인도는 480여 개(13.2%), 무인도는 3,190여 개(86.8%)다. 섬은 200해리 배타적 경제수역과 대륙붕 등 우리나라의 영역 확보를 위해 중요한 존재다. 해양 자원 보존과 이용, 항해 안전 확보, 식량 확보, 기상과 해상의 관측뿐 아니라 국가 안보 측면에서 중요한 역할을 한다. 또한 섬은 귀중한 문화와 역사 유산을 지니고 있으며, 자연환경이 뛰어나다. 이처럼 섬의 가치가 높은데도 불구하고 정부 지원이 체계적으로 이루어지고 있지 않다는 지적이 많다. 예컨대 유인도서 개발 · 관리는 행정자치부가, 무인도서 관리는 해양수산부가 담당한다.

대마도가 아니라 우리 섬에 더 많이 갈 수 있도록, 독도 분쟁을 잠재울 수 있도록, 그리고 섬을 더욱 '매력 있고 살기 좋게' 만들어야 한다. 우리나라의 해양력과도 직결되는 도서 지역들이 상생할 수 있는 '지속 가능 도서 발전 정책'을 새롭게 수립해 다양한 관점에서 우리나라 섬 전체를 통합적으로 다루어야 한다. 특히 낙도는 우리 국토 변방의 안보 파수꾼임을 잊어선 안 된다.

매일경제, 2017. 02. 10.

31
선원의 병역관리

국가해양력포럼은 작년에 설립되어 창의적이고 실용적인 해양력 연구로써 지역과 국가의 발전을 통해 삶의 질을 높이는 방안을 개발·제시하는 비영리 단체이다.

지난 2월 17일, 1977년에 설립된 한진해운이 40년 역사를 뒤로 하고 결국 파산했다. 한국 무역과 한국 경제를 떠받쳐 왔던 한국 해운이 무너지고 있다. 68년 전에 설립된 대한해운공사를 합병했던 한진해운이 무너졌다는 것은 우리나라 외항 해운의 뿌리가 이제 사라졌다는 것을 의미한다. 글로벌 경제 시대에 해운은 사람의 몸으로 치면 두 다리와 같은 것인데, 안타깝기 그지없다.

해운은 해군과 함께 해양력seapower의 핵심 요소이다. 1982년 벌어진 영국·아르헨티나 간의 포클랜드 전쟁에서 쉽게 알 수 있다. 아르헨티나가 포클랜드 제도를 점령하자 영국은 대함대를 파견했다. 여기에는 상선을 개조한 애틀랜틱 컨베이어호도 있었다.

당시 영국군이 징발해 개조한 이 선박은 탄약·유류·헬기 등을 수송했다. 이것이 해운업을 순수한 산업적인 측면뿐 아니라 국가 안보적인 관점에서 봐야 할 이유이다. 미국의 아이젠하워 대통령은 해운을 육 · 해 · 공에 이은 제4군軍이라고 말하기도 했다.

해운 서비스 생산의 주요 요소는 선박과 선원이며 우리나라 선원들은 해운산업 발전의 주역이다. 해기사들은 해운업 발전에 절대적인 역할을 했고 선원들이 벌어들인 외화는 1960~70년대 외화 가득의 일등 공신으로 알려진 독일 광부와 간호사의 외화 가득액보다 많았다. 우리나라 선원이 다른 나라 배를 타고 일하는 '해외 송출'이 시작된 지 올해로 63년이 됐다. 선원들이 경제 발전에 이바지한 바가 크지만 그에 대한 조명이나 평가는 제대로 이뤄지지 않았다.

국민 소득의 성장, 저출산, 선원직에 대한 매력 상실 등으로 인해 해기사의 수가 크게 줄었다. 설상가상으로 해기사의 승선근무 예비역 제도라는 병역복무 제도에 대한 우려로 해기사 직에 대한 수요가 크게 줄어들 가능성이 많아지고 있다.

승선근무 예비역이란 항해사 · 기관사 면허 소지자로서 전시 · 사변 또는 이에 준하는 비상시에 국민 경제에 긴요한 물자와 군수 물자를 수송하기 위한 업무 등을 위하여 해운 · 수산 업체에 일정 기간 승선 근무하면서 병역 의무를 이행하는 사람이다.

국가는 전시戰時 주요 물자를 안정적으로 운송하고 자국 선원의 안정적 고용을 위해 국가필수선박 지정제도를 운영하고 있다. 전시 전략 물자 수송 등에 필요한 국가필수 지정 선박의 운항 요원을 사전에 확보하기 위해서는, 승선근무 예비역 제도의 유지가 필요하다는 목소리가 크다.

한편 "인간의 일자리가 대체"될 것으로 전망되는 4차 산업혁명은 우리 해운업과 선원에게 큰 영향을 미칠 것이다. 4차 산업혁명의 특징은 초연결성, 초지능성, 예측 가능성으로 특징지어지는 4차 산업혁명의 시대에는 IoT와 AI(인공지능)의 역량을 갖춘 스마트 선원이 필요하다.

정부와 해운업계는 절치부심하며 해운업 재건을 위해 여러 가지 정책을 내놓고 있다. 이제 우리는 한진해운 사태를 반면교사로 삼아 선사만이 아니라 우수한 선원과 해기사의 육성을 위해 산 · 관 · 학 · 정이 지혜를 모아야 한다.

국가해양력포럼, 2017. 02. 21.

32
남중국해를 둘러싼 해양 패권 투쟁

서쪽으로는 믈라카Melaka; Malaka해협을 통해 인도양으로, 동쪽으로는 대만해협을 통해 동중국해와 서태평양으로 이어지는 길목에 남중국해가 있다. 남중국해는 중국 대만 필리핀 말레이시아 브루나이 인도네시아 베트남 등 7개국에 둘러싸인 주머니 모양의 해역이다. 중국뿐만 아니라 주변 6개국이 모두 영유권을 주장하고 있는 이 해역은 면적이 350만km^2에 이른다.

남중국해는 세계 연간 교역량의 약 3분의 1(약 5조 달러)이 통과하는 전략적 요충지이다. 한국을 포함한 동북아 국가로 가는 물동량과 세계 원유 수송량의 약 60%가 지나는 길목이다. 한국과 일본의 원유 수입량의 약 90%, 중국 원유 수입량의 약 80%가 이 해역을 통과한다. 이러한 남중국해에는 영유권을 둘러싼 중국과 인근 국가들의 대립과 함께 항행의 자유를 둘러싼 중국과 미국의 대립이 공존하고 있다. 이 두 대립이 어떤 상호 작용을 할지 예측불능이다.

중국은 한나라 이후 2,000여 년간 역대 왕조와 정부가 이 해역의 섬들을 발견하고 관리해 왔다는 점과 1953년에 남중국해 주변을 따라 U자 모양으로 9개의 점선을 그은 구단선 등을 근거로 남중국해 해역의 약 90%에 대한 관할권을 주장한다. 남중국해에 군사 기지 등을 갖춘 축구장 약 1,500개 넓이에 달하는 7개의 인공섬을 완공한 상태다. 시진핑 중국 국가 주석은 이미 2017년 신년사에서 "영토 주권과 해양 권익을 결연히 수호할 것이며 누가 어떠한 구실을 삼는다면 중국 인민은 절대 타협하지 않을 것"이라고 밝힌 바 있다. 2016년 말에는 사상 처음으로 자국 해군의 미래를 상징하는 랴오닝 항모 전단을 남중국해에 투입하기도 했다.

그러나 국제 분쟁 해결 기구인 상설중재재판소PCA는 2016년 7월 12일 필리핀과 중국 간 남중국해 영유권 분쟁 중재안 선고에서 중국이 인공섬을 건설해 온 남중국해 스프래틀리군도(중국명 난사군도) 내 암초들을 섬으로 인정할 수 없고, 남중국해에 대한 중국의 영유권 주장을 인정하지 않는 판결을 내렸다. 유엔해양법협약 회원국이 아닌 미국은 국제법 준수의 차원에서 판결 이행을 촉구하고 있지만, 중국은 이 판결은 효력과 구속력이 없고, 접수·승인하지 않는다고 주장하고 있다. 남중국해는 중국의 야심이 처음으로 미국의 전략적 의지와 정면으로 맞부딪친 장소다. 올 4월에 중국은 남중국해에서 항모 랴오닝호 전단과 함께 역대 최대 규모의 군사 훈련을 벌였고, 미국은 루스벨트호 항모 전단으로 남중국해 남부 해역에서 싱가포르 해군과 함께 합동 군사훈련을 했다. 미국은 남중국해와 관련해 중국을 상대로 '항행의 자유'를 주장하고 있다. 미국의 서해안과 아시아 사이에 군함과 병력을 이동하기 위해서는 태평양, 남중국해, 믈라카 해협, 인도양을 자유롭게 항행하지 않으면 안 되기 때문이다. 중국은 의도적으로 공공연하게 미국과의 무력 충돌을 원하지는 않을 것이다. 중국이 미국을 쫓아내고 싶은 마음이 있을지 모르지만, 당분간은 그런 일이 일어날 것 같지 않다.

중국의 잠재력에 대해서 말이 많지만, 지금으로선 중국 해군이 미국 해군과 맞서기엔 아직 갈 길이 멀다는 평가가 지배적이다. 하지만 언젠가 중국의 국력이 더 커지면 마치 약 1세기 전에 미국이 영국을 카리브해에서 추방했던 것처럼 중국이 자국의 앞마당에서 미국을 밖으로 밀어내고 싶어 할 때가 올지도 모른다. 우리는 두 나라의 해양패권 전략을 눈여겨봐야 한다. 남중국해가 분쟁의 바다가 아니라 평화와 자유, 우호와 협력의 바다가 되길 간절히 바란다.

부산일보, 2018. 05. 31.

33
한국해양진흥공사 출범에 거는 기대

"바다에서 새로운 가치를 찾고,
바다를 국민의 행복 공간으로 만든다."

이는 해양수산부 홈페이지에 명시된 미션이다. 몇 년 전 이 문구를 보고 이보다 더 좋은 미션이 있을까 생각했다. 하지만 우리는 세월호 참사와 한진해운 파산 사태를 겪었다. 바다에서 새로운 가치를 찾기는커녕 기존의 가치도 잃었으며, 바다가 국민의 불행 공간이 돼 버리지 않았던가.

경제가 원활하게 돌아가려면 돈의 흐름도 중요하지만 화물 흐름(물류)도 막힘이 없어야 한다. 요즘과 같은 글로벌 경영 시대에는 원자재 조달이나 완제품의 수출입 등 공급 사슬 관리에 핵심적인 역할을 하는 것이 선박, 그중에서도 컨테이너선이라고 할 수 있다. 저렴하고 믿을 만한 품질의 해상운송 서비스 확보가 글로벌 공급 사슬 관리에 필수적이기 때문이다.

해운은 경기에 따라 운임의 등락이 큰 시황산업市況産業이다. 따라서 우리나라와 같이 무역이 국민 경제에 기여하는 바가 큰 국가에

서는 선사가 항로와 배선을 최대한 유지하면서도 불황의 파고는 넘을 수 있는지, 호황 시 운임이 지나치게 오르지는 않는지에 대해 화주와 정부 모두가 관심을 가져야 한다. 해운사 매출은 무역 거래 비용이므로, 화주 입장에서 보면 선사 간 경쟁을 통해 운임은 최대한 낮추되 항로의 독과점이 나타나지 않도록 하는 것이 필요하다.

하지만 현재 세계 해운시장은 독과점을 놓고 벌이는 헤게모니 경쟁이 한창이다. 이런 경쟁은 결국 선사 간 동맹 및 인수합병M&A 또는 파산 등을 통해 시장에서 살아남는 몇 개 그룹만이 운임을 독식하며 미래 해운을 이끌어 갈 것으로 예상된다. 최근 동향을 살펴보면 이들 몇 개 그룹으로는 유럽계 2M, 중국계 오션Ocean, 일본계 디얼라이언스THE Alliance가 될 가능성이 높다.

이런 해운 환경 변화와 우리의 무역 의존도를 고려할 때 일정 규모의 해운사를 육성하는 것은 위험 관리 차원에서 반드시 필요하다. 해운은 국가 경제가 완전한 내수 중심 또는 내륙 중심으로 되지 않는 한 쉽게 포기할 수 있는 산업이 아니기 때문이다.

정부는 경쟁력 있는 선박확충, 화물확보 지원, 경영안전 지원을 축으로 하는 해운재건 5개년 계획을 지난 4월 5일 발표했다. 해운재건 5개년 계획을 성공시키기 위해서는 수조원의 직·간접적인 자금이 소요될 것으로 보인다. 지속적인 해운 투자를 위해 한국해양진흥공사를 설립하고 선대 확충 프로그램을 추진하는 것은 고무적이고 중요한 정책이라 할 수 있다. 앞으로 한국해양진흥공사가 불황기에 직접 선박을 확보하고, 이 선박을 국내 선사들이 저렴한 가격으로 장기 용선하면, 경쟁력 있는 운임을 국내 화주들에게 제시할 수 있을 것으로 기대된다.

지속적인 자금 투입에 따른 국민적 합의를 도출하기 위해선 해운이 갖고 있는 사회간접자본적인 특성뿐만 아니라 해운이 무역과 국제 수지, 나아가 국가 경제와 국가 안보에 기여하는 효과를 정확히 추정해 홍보하는 정책과 해운재건 계획을 병행 실시해야 한다. 이를 통해 국내 해운 산업의 재건 필요성에 대한 의문을 불식해야 한다.

마지막으로 이런 대규모 해운지원 정책이 보호무역주의가 강화되는 국제 정세 속에서 국제 조약 및 협정에 위배되지 않는지에 대한 면밀한 검토와 대비도 있어야 할 것이다. 지난 5일 출범한 한국해양진흥공사가 세계와 미래로 나아가는 바다에서 새로운 가치를 더 많이 찾게 해주고, 바다를 진정한 '국민의 행복 공간'으로 만드는 주역이 되길 바란다.

한국경제, 2018. 07. 18.

34
항만과 미세먼지

항만에서는 하역과 선박 정박 시의 항만 활동, 항만 내에서의 수송·물류 활동 그리고 항만 주변 지역에 입지하는 업체들의 활동으로 인해 온실가스와 미세먼지가 배출되고 있다. 정박 중인 선박에서 많은 배출량이 발생한다. 또한 하역 기계 등으로부터 발생하는 배출량도 적지 않다.

항만 활동은 다양한 주체가 행하고 있기 때문에 배출원도 다양하다. 따라서 이들 배출량 삭감을 위해 항만 관리자는 민간사업자와 연대해야 한다. 그러기 위해서는 항만 전체를 관리하는 항만 관리자가 항만으로부터의 배출량을 파악해, 항만의 특성에 맞는 적절한 삭감 계획을 세우는 것이 필요하다.

대형 외항선은 대부분 벙커C유를 연료로 사용한다. 이 연료는 황과 함께 미세먼지, 초미세먼지를 대량 배출한다. 국내에서 배출되는 초미세먼지의 약 10%가 선박에서 나온다고 한다. 초대형 크루즈선 1척은 차량 350만 대에서 배출하는 수준의 이산화황을 배출하며, 대형 컨테이너선 1척은 디젤 승용차 5,000만 대에 해당하는 황산화물을 배출한다고 한다. 이 이산화황은 그 자체로도 해로울 뿐

아니라, 초미세먼지를 유발한다.

마산항을 포함해 부산항, 인천항 등 항만을 안고 있는 항만 도시는 이 문제의 심각성을 인식해야 한다. 부산이 선박으로 인한 초미세먼지 문제가 가장 심각하다. 부산의 경우 초미세먼지가 약 51%가 선박에서 나온다고 한다.

선박이 항만에 접안해 출항하기 전까지 선박에 필요한 전력을 공급하기 위해 벙커C유와 같은 저급 연료로 보조 발전기를 가동한다. 이때 황산화물, 질소산화물, 먼지, 이산화탄소 등의 오염 물질이 배출된다. 정박 중인 선박에서 발생하는 대기 오염 배출량은 육상전력 공급 설비AMP와 같은 친환경 항만 설비에 의해 크게 삭감될 수 있다. 그리고 에너지 절약형 하역기기의 도입으로써 하역 활동에 의한 대기오염 배출량을 줄일 수 있다.

2018년도 추경 예산에 육상전력공급설비AMP 설치 예산으로 90억 원이 반영되었다. 이는 부산 4선석, 인천 2선석, 광양 2선석에 설치할 계획이라고 한다. 미국 캘리포니아, 로스앤젤레스 항과 롱비치 항은 AMP 설치를 법률로 정하고 있다. 유럽연합은 2025년까지 AMP 설치를 의무화하도록 했다.

한편 국제해사기구IMO는 2020년부터 선박 연료의 황 함유량 기준을 3.5%에서 0.5% 이하로 강화하기로 했다. 이를 위해서는 선박에의 매연 감축 장치 설치, 저유황 연료 사용 및 LPG 추진 선박 도입 등이 필요한데, 이들 모두 해운업계로서는 비용의 관점에서 당장 수용하기 힘든 상황이다.

폐암이나 심장마비 등 심폐질환과 같은 원인인, 선박에 의한 대기오염은 연안으로부터 400km 이내에서 이루어지기 때문에, 항만도시의 대기오염 피해는 심각하다. 연간 1천만 톤 이상의 화물을 처리할 수 있는 최신 항만 시설을 갖추고 있는 마산항에도 AMP가 설치되길 바란다. 철재, 차량, 기계류 그리고 시멘트 등이 주요 취급 화물인 마산항도 항만 내 대기오염 감축과 초미세먼지의 감소를 위한 노력에 박차를 가해야 한다. 이는 시민의 건강과 직결되는 절실한 문제이다.

경남대학보, 2018. 09. 19 / 경남대 학술연구교수 김은주.

35
해양 플라스틱과 '오사카 선언'

세계 플라스틱 생산량은 급격히 증대하고 있다. 2016년에는 연간 3.96억 톤이었다. 이는 1950년에 비해 200배의 양에 해당한다. 이에 따라 자연환경에서 약 500년간 썩지 않는 플라스틱이 환경에 미치는 영향이 가속적으로 커지고 있다. 현재 연간 폐기되는 3.1억 톤의 플라스틱 쓰레기 중 미회수, 부적절한 매립, 투기 등으로 1억 톤이 자연계에 유출되고 있다고 한다. 그리고 육지에서 하천 등을 통해 연간 800만 톤이 최종적으로 해양에 유입되고 있는 것으로 추정되고 있다.

플라스틱이 대부분을 차지하는 해양 쓰레기에 의해 적어도 약 700종의 해양 생물이 다양한 피해를 입고 있다. 2016년의 조사 결과에 따르면, 플라스틱 쓰레기를 체내에 섭취하고 있는 개체의 비율은 바다거북의 52%, 바다새의 90%에 이르는 것으로 추정되고 있다.

전 세계 해양 쓰레기의 80%로 추정되는 플라스틱은 해양 생물의 생명을 위협하고 있으며 특히 미세 플라스틱에 대한 우려가 커지고 있다. 석유에서 만들어진 플라스틱은 반영구적으로 분해되지 않고 자외선과 파도의 영향 등을 받아 바다에서 점점 작은 입자로

되어간다. 지름 5mm 이하의 플라스틱 입자인 미세 플라스틱이 바다에서 발견되고 있다. 이 미세 플라스틱은 자연계에 존재하는 유해 물질을 흡착하고 있는 것으로 관측되고 있다. 이들이 해수면과 해저 등에 머물다가 생물의 체내로 들어간다. 그리고 먹이 사슬을 통해 해양 생태계에 퍼지면서, 자연환경에 큰 위협을 미치고 있다. 이 미세 플라스틱은 결국 수산물을 통해 사람의 몸속으로 들어가게 된다.

현재 우리나라 해양 플라스틱 쓰레기는 11만 8천 톤으로 추정된다고 한다. 이에 우리 정부는 지난 5월 30일에 「해양 플라스틱 저감 종합 대책」을 발표했다. 플라스틱이 없는 깨끗하고 안전한 바다를 만들기 위해, 해양 플라스틱의 발생 · 수거 · 처리 등 전全 주기에 걸친 관리 방안을 제시하고 있다.

지구 규모로 진행되고 있는 플라스틱 오염 문제를 해결하기 위해서 세계 각국이 근본적인 조치와 실효적인 수단을 강구해야 한다. 하지만 이를 위한 포괄적인 국제 협정은 지금까지 존재하지 않는다. 2019년 5월에 열린 '바젤 협약(유해 폐기물의 국가 간 이동 및 그 처리의 통제에 관한 바젤 협약)'의 제14차 당사국 총회COP14에서 부속서가 개정되었다. 2021년 부속서의 발효 이후에는 상대국의 동의 없이 오염된 플라스틱 쓰레기를 수출하는 것이 금지된다. 이것은 선진국을 중심으로 개발도상국에 대해 자국의 폐 플라스틱을 재활용 자원이라는 명목으로, 오염된 것을 포함할 가능성이 있는 상태로 수출해 왔던 행위를 규제하는 것이다.

이것은 큰 전진이다. 하지만 이것은 대상, 지역, 행위가 한정되어 있어 실효성이 크지 않다. 지난 6월 29일 G20 오사카 정상 회의에서 채택된 「오사카 선언」에서 해양 플라스틱 쓰레기에 의한 추가 오염을 2050년까지 제로로 하는 것을 목표로 한 「오사카 블루 오션

비전」이 합의되었다. 처음으로 해양 쓰레기 감축 시한이 제시됐다. 플라스틱의 생산에서 폐기까지 전 주기에 걸쳐 환경 영향을 평가하는 '라이프 사이클' 분석 기법을 통해 해양 쓰레기 발생을 억제하겠다는 목표도 제시했다. 플라스틱 쓰레기와 미세 플라스틱의 해양 배출을 막기 위한 조치를 전 세계적으로 취할 필요가 있다고 강조하고 있다.

그러나 법적 구속력이 있는 각국의 플라스틱 사용 감축의 목표 설정을 포함한 실효성 있는 틀의 구축은 합의하지 못했다. 정상 회의 등에서 채택되는 법적 구속력이 없는 '선언'만으로는 플라스틱 오염 문제를 근본적으로 해결할 수 없다. 앞으로는 플라스틱 오염 문제의 포괄적 해결에 특화하는 법적 구속력이 있는 국제 협정의 체결이 요구된다. 이 국제 협정은 자연계에 플라스틱 쓰레기의 유출을 근절하겠다는 비전과 각국의 야심찬 감축 목표, 그리고 그 목표를 확실하게 달성하기 위한 과학적인 평가 방법과 실행을 지원하는 체제의 확립 등을 포함해야 할 것이다.

부경대신문, 2019. 07. 29 / 경남대 학술연구교수 김은주.

36
한국해운의 재건

오늘 5월 31일은 바다의 날이다. 역사에 남을 정도의 국가가 되려면 반드시 훌륭한 지도자가 필요하며, 그 지도자는 바다를 모르고서 국가를 부흥시킬 수 없다. 세계의 역사는 바다 지배의 역사와 맥을 함께하고 있다. 해양력seapower은 곧 국력이다. 해양력은 "국가 이익을 증진하고 국가 목표를 달성하며 국가 정책을 수행하기 위하여 해양을 통제하고 사용할 수 있는 국가의 역량"이다. "해양력은 해군력 이상의 것으로 해운 · 자원 · 기지 · 기관을 포함하는 용어이며, 국가의 정치력 · 경제력 · 군사력으로 전환되는 국력의 일부분이다"(국방과학기술용어사전).

해군, 해운, 항만, 조선, 수산, 해양자원, 남극세종기지, 해양관련 기관(해양수산부, 한국해양과학기술원, 한국해양수산개발원, 한국해양진흥공사 등)이 우리나라 해양력을 구성하고 있다.

해군과 함께 해양력의 중요 부문인 해운은 무역과 국가안보에 직결되어 있으며, 대외무역의존도가 높은 우리나라는 해운산업의 활성화를 통해 국민경제의 성장을 도모할 수 있다.

해운산업은 국가의 대외 경쟁력에 미치는 영향력이 매우 크며, 자본집약적, 경기순응적, 고위험성의 특성을 지니고 있어 선제적인 정책 입안, 효율적인 제도 운영 그리고 적절한 금융지원과 전문 인력이 요구되는 산업이다.

우리나라 해운산업의 경쟁력 침체를 극복하고자 해양수산부의 해운재건 5개년 계획을 토대로 2018년 7월에 설립된 한국해양진흥공사는 해운산업의 금융 및 정책지원을 담당하고 있다. 지난 3여 년간 공사는 국적선사의 선대 확충과 유동성을 공급하였고 S&LB Sale and Leaseback 사업 규모를 확대하였으며, 선사 원리금 상환 유예 및 회사채 인수사업을 추진하여 해운산업의 회복을 위해 힘써왔다.

한국 해운산업을 다시 살리기 위한 정부의 이러한 노력이 효과가 나타나고 있다. 국내 최대 국적선사인 HMM(옛 현대상선)이 한국 해운업 장기침체의 종지부를 찍으며, 창사 이래 최대의 분기 실적(영업이익 1조 193억 원)을 올렸다.

우리나라 해운산업은 오일쇼크, 외환위기, 글로벌 금융위기 등 다양한 많은 위기에 직면해왔고 이때마다 많은 선사들이 파산 및 구조조정 등의 과정을 겪어왔다. 최근에는 코로나 19로 인한 글로벌 경제위기 가능성까지 제기되고 있는 상황이다. 이와 같이 위기가 반복됨에도 불구하고 해운산업이 적절한 대응을 하지 못했던 이유는 우리나라 해운산업에 적합한 위기 대응체계가 갖춰지지 못했기 때문이다. 해운산업에 위기의 전조가 있다면 이를 사전에 파악, 평가하고 정부 · 선사에 알려줌으로써 위기상황에 미리 대비하도록 하는 대응체계 구축이 그 어느 때 보다 필요한 상황이다. 이를 시스템화하여 사전 대응이 가능하도록 해야 한다.

또한 해군력과 함께 해운력은 국력이라는 인식하에, 원가절감과 서비스 수준 향상을 위한 초대형선 발주, 글로벌 해운네트워크 강화 등의 투자뿐만이 아니라, 중소선사와 연안 선사에 대한 지원도 게을리 해선 안 될 것이다.

2021. 05. 31.

37
『남중국해: 아시아의 패권투쟁』 역자 서문

이 책은 BBC의 아시아 문제 전문가인 Bill Hayton이 예리한 통찰과 필력으로 선사시대부터 현대에 이르기까지 남중국해 문제와 관련해, 여러 각도－역사, 국제법, 자원, 정치, 군사 등－에서 해설하며 장래를 전망하는 야심적 저서 *THE SOUTH CHINA SEA, The Struggle for Power in Asia*의 번역서이다.

고대로부터 해상 네트워크가 발달된 남중국해는 민족적 아이덴티티도 국가관도 없는 주민이 거주한 곳이다. 갖가지 문명의 흥망성쇠와 침입자의 왕래, 무역풍과 전쟁이 이 바다를 제국들의 운명과 연관시켜 왔다.

20세기 이후 남중국해에서는 숱한 사건·사태가 전개되었다. 일본이 1937년 시사군도와 난사군도를 당시 일본 식민지인 타이완에 복속했으며, 중국 국민당 정부는 1947년 남중국해를 자국의 영해로 표시한 지도를 발간해 11단선을 설정·공포했다.

이 11단선을 지켜오던 중국은 1953년 하이난다오海南島와 베트남 사이의 두 개 선을 줄여 9단선으로 변경했다. 1954년 중국은 시사군도 동부를 점거했으며, 1973년 미군이 철수하자 시사군도 전역을 지배했다. 마침내 중국은 1992년에 영해법을 제정해 남중국해를 영유권화하기에 이르렀다. 나아가 중국은 난사군도 내 미스치프 암초에 건축물을 짓고(1994년), 7개의 암초를 매립하고 활주로를 건설하고 5곳에 등대를 설치했다(2014년). 이러한 일련의 과정을 거치면서 시사군도와 난사군도의 운명이 여러 차례 달라졌다. 선사시대부터 20세기 중반까지 후난, 참파, 당, 송, 명 등의 동양뿐 아니라 당시 서양의 해양강국이 남중국해에서 행한 무역과 해상 네트워킹 그리고 영유권 투쟁의 역사는 이 책의 1장과 2장에서 소개되고 있다.

남중국해는 중국 · 대만 · 필리핀 · 말레이시아 · 브루나이 · 인도네시아 · 베트남 등 7개국에 둘러싸인 주머니 모양의 해역이다. 면적은 350만km^2로 수심이 대부분 200m 이하로 얕고 하이난다오를 제외하면 큰 섬도 없다. 대신 작은 섬들과 썰물 때만 수면 위로 나타나는 간조 노출지low-tide elevation인 수비 환초Subi Reef와 미스치프 환초Mischief Reef와 같은 산호초와 암초로 이뤄진 군도가 흩어져 있다. 서쪽으로는 믈라카 해협을 통해 인도양으로, 동쪽으로는 대만해협을 통해 동중국해와 서태평양으로 이어지는 길목에 위치한, 남중국해는 지금 중국의 야심과 미국의 전략적 의지가 맞부딪치는 곳으로 언제 폭발할지 모르는 화약고이다.

중국뿐만 아니라 주변 6개국이 모두 영유권을 주장하고 있는 이 해역에는 250개의 암초와 산호초가 산재해 있다. 이 가운데 11개 섬과 5개의 모래톱, 20개의 암초가 물 위에 드러나 있고 나머지는 수면 아래 잠겨 있다.

넓은 세계에 있어서 남중국해가 얼마나 중요한 가를 이해하려면, 맑은 날에 싱가포르의 창이공항에서 비행기를 타고 높이 올라가면서 눈 아래의 바다를 보면 된다. 자그마한 낚싯배로부터 초대형 탱커, 컨테이너선 등 무수한 배들이 수로를 메우고 있다. 남중국해는 세계 연간 교역량의 약 1/3(약 5조 달러)이 통과하는 전략적 요충지이다. 한국을 포함한 동북아 국가로 가는 무역량과 세계 원유 수송량의 약 60%가 지나는 길목이다. 한국과 일본의 원유 수입량의 약 90%, 중국 원유 수입량의 약 80%가 이 해역을 통과한다.

중국은 1953년에 남중국해 주변을 따라 U자 모양으로 9개의 점선을 그어, 그 안쪽 해역에 대해 영유권을 주장하고 있다. 남중국해 해역의 약 90%가 이 안에 들어간다. 중국이 공식 지도에 "남해 9단선"을 넣어 자국 영해라고 주장하지만, 주변국들은 이 선을 인정하지 않는다.

중국은 한漢 나라 이후 2,000여 년간 역대 왕조와 정부가 이 해역 섬들을 발견하고 관리해 왔다는 점과 구단선 등을 근거로 인도 크기만 한 남중국해에 대한 관할권을 주장한다. 중국은 2012년 필리핀이 실효 지배하였던 스카버러 환초를 강제 점유하고 필리핀 어민의 진입을 금지했다. 이게 단초가 되어 2013년 1월 필리핀이 중국을 상대로 제소했다. 필리핀은 구단선에 대해 '해양 경계는 수면 위로 나와 있는 육지를 근거로 설정한다'는 유엔해양법의 원칙에 어긋난다는 입장이다.

썰물 때만 물 위로 노출되는 간조 노출지는 빈 바다로서 중국이 가입한 UN 해양법협약상 섬으로 인정될 수 없고, 독자적 영해를 가질 수 없음에도 불구하고 중국은 인공섬 주변 12해리 이내 수역을 영해로 간주하기 때문이다. UN 해양법협약은 "인간의 거주나 독자적 경제생활 유지가 불가능한 바위는 EEZ나 대륙붕을 갖지 않는다"고 규정하고 있다.

국제분쟁해결 기구인 상설중재재판소PCA는 2016년 7월 12일 필리핀과 중국 간 남중국해 영유권 분쟁 중재안 선고에서 중국이 인공섬을 건설해 온 남중국해 스프래틀리 군도(중국명 난사군도) 내 암초들을 섬으로 인정할 수 없고, 남중국해에 대한 중국의 영유권 주장을 인정하지 않는 판결을 내렸다. 이 판결 후 중국은 격앙된 반응을 보이고 있다. 판결을 내린 네덜란드 헤이그 상설중재재판소 웹사이트가 중국 해커들의 공격을 받은 것으로 알려졌다. 이번 판결은 중국과 필리핀이 다투고 있는 남중국해 내 스프래틀리 군도에 한정된 것이지만, 중국과 베트남 간 파라셀 군도(중국명 시사군도) 등 다른 분쟁 수역에도 거의 그대로 적용될 가능성이 크다. 이렇게 되면 남중국해에서 중국이 주장할 수 있는 영해는 크게 줄어든다. 영해와 배타적경제수역EEZ으로 인정받기 위해 암초를 메워 인공섬을 조성하는 것 또한 무의미하다. 이 해역을 자기들의 앞마당으로 만들어 지역의 패권을 잡겠다고 하는 중국의 야망에 큰 차질이 생긴 셈이다.

이번 판결은 남중국해에서 물에 잠겨 있는 암초의 법적 지위를 어떻게 부여하는가에 대한 국제법적 해석의 토대가 된다. 하지만 중요한 것은 준수의 여부이다. 미국과 중국이 남중국해 영유권 관련 판결을 둘러싸고 정면으로 충돌했다. 미국은 국제법 준수의 차원에서 판결 이행을 촉구하고 있지만, 중국은 "이 판결은 효력 · 구속력이 없고 접수 · 승인하지 않는다"라고 하는 "2무 2불"을 주장하고 있다. 향후 어떻게 진행될지 사뭇 궁금하다.

"세계사적으로 로마시대 이후부터 이른바 강대국으로 성장한 국가들은 대부분 주변 국가와의 해양 경쟁에서 주도권을 확보하고 이를 바탕으로 대양 경영을 통해 해양 강국으로 성장해 왔다"(김성귀 외, 국제 해양 문제 주도권 확대 방안 연구, 한국해양수산개발원, 2009). 해양 강국이 되기 위한 필요충분조건은 해양력을 보유하는 것이다. 1889년에 '해양력이 역사에 미치는 영향The Influence of Seapower upon History'을 발표한 바 있는 해양 전략가이자 미국 해군 대령 알프레드 마한Alfred Thayer Mahan이 제시한 전략에 따라 대서양 국가였던 미국은 1900년에 하와이를, 1898년에 필리핀을, 1898년에 괌을, 1944년에 사이판을 지배함으로써 대서양에서 태평양으로 쭉쭉 뻗어 나왔다. 그러는 사이 세계의 중요한 해상 길목을 지키면서 세계 경제를 좌지우지하는 국가가 되었다.

고대의 아테네 · 카르타고, 중세의 베네치아 · 포루투갈 · 스페인 그리고 근대의 네덜란드 · 영국 · 일본 · 미국 등이 해양 패권의 역사에서 보였던 활동을 볼 때, G2 국가로 떠오른 중국이 남중국해의 지배에 대한 집착은 이해 안 되는 것은 아니다.

영국의 전략가이며 정치가였던 월터 롤리Sir Walter Raleigh, 1554-1618 경은 "바다를 지배하는 자가 무역을 지배하고, 세계의 무역을 지배하는 자가 세계의 부를 지배하며 마침내 세계 그 자체를 지배한다"라고 했다. 이 말은 해상 교통로의 확보는 국부의 원천이며 국력 신장의 기본이라는 것을 의미하고 있다. 이와 같이 역사적으로 보면 전 세계의 부는 해양 루트와 해상 길목을 지배하는 자들이 차지했다.

나는 1990년 11월 스페인 말라가에서 차를 몰고 도착한 지브롤터 바위산Rock of Gibraltar에서 내려다 보이는, 대서양과 지중해를 연결하는 전략 요충인 지브롤터 해협을 경이롭게 바라보며, 지브롤터를 1704년 이래 지배해 온 영국! 참 대단한 나라구나 하는 느낌을 아직도 생생히 기억하고 있다. 지중해는 지브롤터 해협을 거쳐 서쪽으로 대서양으로 연결되고, 1869년에 개통한 수에즈 운하를 거쳐 동쪽으로 홍해와 인도양으로 연결된다. 이 수에즈 운하를 영국은 1888년 10월에 공식적으로 소유하게 되고, 1956년 7월에 이집트 정부에 반환했다. 수에즈 운하는 아프리카 대륙을 우회하지 않고 유럽과 아시아를 연결하는 유일한 항로이다. 이 지브롤터와 수에즈 운하의 영국 지배는 월터 롤리 경의 생각에 어긋남이 없는 행위이다. 1885년 4월 15일부터 1887년 2월 28일까지 약 23개월간 영국 해군이 당시 조선의 거문도를 점령한 것도 같은 맥락이다.

이번 번역은 유달리 힘들었다. 역사적 내용의 기술, 나라마다 달리 부르는 섬의 다양한 이름, 섬, 암초, 환초, 산호초, 모래톱, 둑의 개념, 인명, 지명, 특히 중국어의 영어 발음 표기를 중국어 한자로 명기하는 작업이 그랬다. 여러 분의 도움에 힘입은 바가 크다.

30년 넘게 대학 강단에서 강의 · 연구를 해 왔는데, 그 키워드는 바다와 연관이 있다. 부산수산대 교수 시절에는 선원수첩을 발급받아 약 2달간 원양어선 실습선에 승선도 해보고, 매년 1~2회 학생들과 승선해 왔다. 뱃사람들에 비하면 훨씬 뒤떨어지지만, 그동안 다양한 모습의 바다를 현장에서 경험하려고 노력해 왔다.

이 바다를 통해 웃고 우는 사람들, 살고 죽는 사람들 그리고 이 바다로 즐기고 싸우는 세계 속에서 지구가 생긴 이래 육지에 비해 모습이 지금도 크게 바뀌지 않은 바다를 지구인이 자자손손 평화롭게 사용하고 지킬 수 있기를 바란다. 남중국해도 분쟁의 바다가 아니라 평화 · 자유 · 우호 · 협력의 바다가 되길 간절히 바란다.

아카데미프레스, 2016. 08. 15.

II

무역 · 통상

01~20

sea

01
한 · 미 무역 마찰에 관한 소고

1. 서언

한 · 미 간에 지금 벌어지고 있는 통상 마찰은 무역 전쟁이라고 할 만큼 위기감이 고조되고 있다. 미국의 수입규제輸入規制는 과거에도 있었지만 요즘처럼 심각한 무역 마찰은 없었던 것 같다. 특히 미국이 우리의 최대 우방국이라는 신뢰감과 중요한 수출 시장이라는 한 · 미 간의 무역마찰은 정부나 업계는 물론 온 국민의 관심을 불러일으키고 있다.

발전 과정에 있는 우리나라의 시장을 개방하지 않으면 우리의 수출품의 수입을 규제하겠다는 강한 압력을 가하고 있으니 딱한 노릇이 아닐 수 없다. 따라서 본고는 미국 통상 정책의 특성을 살펴보고 이에 대한 대응 방안을 제시하는 데 그 목적을 두고 있다.

2. 미국의 신보호무역주의

신보호무역은 종전, 즉 2차 세계대전의 보호무역 내지는 고전적 보호무역과 다른 양상을 띠고 있다. 고적적인 보호무역은 자국의 유치산업을 보호 · 육성하여 세계 시장에 진출하려고 하는 발전적이고 진취적이었는데 반하여 오늘날의 보호무역은 자국 산업의 현상 유지를 목적으로 하고 있다. 미국은 2차 대전 후 자국시장 보호를 위해 수많은 법안을 통과시키면서 신보호무역 정책을 펴왔다.

1973년 4월 닉슨 대통령은 통상개혁법안Trade Reform Act of 1973을 의회에 제출하여 그해 12월 하원을 통과시켰다. 이 법안은 자유무역의 측면을 내포하면서도 대통령에게 국내 산업을 보호하기 위한 긴급수입제한 권한과 관세 및 비관세 장벽을 탄력적으로 운영할 수 있는 권한을 요구하였다.

이러한 보호주의적인 색채가 미국의 통상 정책에 또다시 강렬하게 반영되고 있다. 지난 9월 레이건 대통령이 천명한 미 행정부의 대외 무역에 관한 정책 방향이 바로 그것이다. 레이건 대통령이 밝힌 이른바 신 무역정책 가운데 우리가 주목해야 할 점은 미국이 대외적으로 시장을 개방하고 있는 정도로 다른 나라들도 미국에 대해 시장을 개방하라는 것과 자유무역을 신장해나가는 데는 공정무역fair trade이 반드시 전제가 되어야 한다고 역설한 대목이다.

다시 말해서 미국은 자유무역이 공정무역을 통해서만 가능하며 공정무역은 상호 시장개방을 전제로 하여 실현될 수 있다는 논리를 바탕으로 교역 당사국들에 시장 개방을 강력히 요구하고 있다. 원래 공정무역의 개념은 60년대 개도국이 선진국에 대해 주장했던 용어인데 이제 와서 미국 등 선진국이 이를 주장하고 있으니 아이러니컬 한 현상이 아닌가 싶다.

미국이 공정무역이란 미명 아래 보호무역주의적인 통상 정책을 채택하고 있는 배경은 무역 수지 적자, 만성적인 재정 적자, 그로 인한 고금리 및 달러화의 고평가가 미국 산업의 국제 경쟁력을 약화시킨 데 기인한다고 볼 수 있다. 또한 내년의 미국 상원 중간선거를 의식한 정치적 요인도 무시할 수 없다.

3. 미국통상법 301조와 관세법 337조

이러한 신보호무역주의적인 미국의 주요 수입 규제 장치로서 미국통상법 301조와 관세법 337조를 들 수 있다.

미국통상법 301조의 내용은 다음과 같다.

첫째, 외국 정부의 관행에 대해 미국의 권리를 강력히 주장할 수 있는 대통령의 권한을 규정하고 있다.

둘째, 미국의 산업을 차별하거나 GATT 등에 위반되는 외국 정부의 불공정 무역 관행에 대해 미국무역대표부USTR가 이의 시정을 위한 교섭을 벌이게 한다.

셋째, 대통령은 필요한 경우 상대국과 통상 협정의 체결로 인정한 혜택을 철회하거나 서비스 산업에까지 확대 · 보복 조치를 할 수 있다.

이 조항은 쌍무 협정에 의한 통상 마찰의 해결을 요체로 하고 있는 것으로 보복적인 성격이 강하다. 이 조항이 발동되려면 미국무역대표부가 이날부터 45일 안에 조사 여부를 결정하며, 이 과정에서 무역 협상에 관한 자문위원회와 사전 협의를 갖게 되어 있다. 이때 이해 당사국이 이를 거절하고 공청회 등을 거쳐 대통령에게 결과를 보고하면 대통령은 그 때부터 21일 안에 상대국에 각종 관세율 인상, 쿼터 부과는 물론 서비스 산업에까지 폭넓은 응징이나 보복 조치를 취할 것인지의 여부를 결정토록 하고 있다.

관세법 337조의 내용은 다음과 같다.

> 첫째, 수입품의 불공정 무역 관행을 미국 시장으로부터 배제하기 위해 그에 따른 권한을 국제무역위원회ITC에 부여한다.
>
> 둘째, 수입업자 대리점 등 민간기업이 부정한 상품을 수입 판매함으로써 미국 산업의 존속을 위협하거나 산업적으로 독점하려는 수입 상품에 대해 통관 금지 또는 벌금을 부과케 한다.

이 조항에 따른 제소는 특히 특허권 및 저작권 침해, 사기 행위, 모조품 등의 수입에 대해 많이 이루어지고 있다. 이 조항이 301조보다는 규제의 강도가 더욱 높다. 이 조항은 업체 간의 협상을 유도하는 성격이 짙으나 민간 차원의 협상이 깨져, 혐의가 있는 것으로 판명될 경우 수출을 못함은 물론 이미 미국 안에 들어가 있는 관련 상품마저 폐기 처분하도록 규정하고 있다. 이 조항은 정치적인 해결 가능성을 배제하고 있기 때문에 대미 수출 주종 상품이 혐의를 받게 되면 우리의 수출은 적지 않은 타격을 입게 될 것이다.

이 조항을 이용하면 짧은 기간 내에 문제를 해결할 수 있으므로 활용도가 높아지고 있다. 지금까지 이 조항은 선진국의 상품을 주 대상으로 하였으나 개도국의 그것에까지 확대하고 있음을 볼 때 특히 주의가 요망된다. 또한 통상법 301조가 아직까지 적용되지는 않았지만 실행 가능성은 매우 크다. 따라서 우리는 실행될 것이라는 가정 하에서 대응을 해야 할 것이다.

4. 대응 방안

미국통상법 301조, 관세법 337조 그리고 지난해 컬러 TV 덤핑 판정에 이어 국산 앨범에 대한 64.1%의 덤핑판정 등과 관련한 우리나라와 미국 간의 무역 마찰 내지는 무역 태풍에 어떻게 대처해야 할 것인지를 간략히 살펴보고자 한다.

(1) 구상무역의 적극 활용

일반적으로 구상무역이라 함은 '수출입물품의 대금을 그에 상응하는 수입 또는 수출로 상계하는 무역 거래 형태'이다. 세계 교역 질서와의 관계에서 볼 때 선진국에서는 구상무역에 대해 세계 교역 규모를 축소시키고 무차별주의에 위배되는 상호주의라는 점에서 부정적인 견해를 주장하고 있으나, 구상무역이 불가피한 개도국에서는 자국의 필요 수요를 충족시킴과 동시에 국제 수지를 방어하고 수출을 촉진시킬 수 있다는 점에서 긍정적인 견해를 보이고 있다.

우리나라의 경우 구상무역을 유도해야 할 필요성은 다음과 같다. 첫째, 신시장 개척을 위한 수출 시장 다변화, 둘째, 외환 부족 개도국에 대한 수출 증대, 셋째, 기존 개척시장과의 무역 마찰 해소, 넷째, 무역 불균형 시정을 위한 수단, 다섯째, 중화학 제품의 수출 촉진 등이다.

현재 미국에서는 구상무역 거래를 일반 거래와 구분하여 처리하고 있지 않다. 국제무역위원회가 발표한 공식 자료에 의하면 1974년부터 7년 동안의 구상무역으로 인한 수출입 거래는 60억 달러로 추정하고 있으며, 동 기간 중 구상무역에 의한 수입은 300%나 증가한 것으로 나타나고 있다. 1980년대에 들어서도 미국의 구상무역에 의한 수출입은 높은 증가율을 보이고 있으며, 앞으로도 크게 신장

될 것으로 전망된다.

따라서 우리나라도 구상무역에 대해 수동적인 자세로 임하는 것보다 적극적으로 이를 활용해야 한다. 물론 이에는 부문 정책 간의 마찰, 국내 수요의 제한으로 인한 대응 수입의 한계, 수입선 전환의 어려움 및 거래 절차의 복잡성 등의 문제점도 있으나 전술한 필요성에 비추어 미국과의 교역에서 구상무역 방식을 적극 활용해야 할 것이다.

(2) CBI 계획의 활용

쿠바의 공산화로 시발되어 도미노 이론에 따라 퍼져가는 이들 사회주의 세력을 바로 옆의 미국은 그냥 지나칠 수 없다고 판단하여 수년 전부터 경제적 지원을 해 왔다. 그러나 무상 원조는 근본적으로 중미, 카리브안 국가들의 경제 건설을 앞당길 수 없으며 체제를 안정시킬 수 없다는 결론에 도달한 미국은 지난 83년 카리브 지역 개발 촉진계획Caribbean Basin Initiative이란 획기적인 무역 특혜 정책을 실시하기로 했다.

83년 7월 미국 의회에서 통과된 카리브안 지역 경제 회복법에 의해 오는 95년 9월 30일까지 효력을 지니는 CBI는 CBI 수혜국에서 35% 이상 부가가치가 붙여 생산된 제품에 대해서는 미국이 수입 관세를 부가하지 않고 수입해 준다는 것이다. 이들 수혜국은 기업의 목적이 수출이고 현지인을 많이 고용하기만 하면 외국인 투자를 환영하고 있다. 또한 이들 나라는 이곳에서의 기업 활동에 대한 모든 세금을 전액 면제해 주는 등 대외 수출의 유인책도 펴고 있다.

한편 EC 국가들도 LOME 협정에 의해 이들 몇몇 나라에 무관세 수입 혜택을 주고 있어 대 유럽 수출이 용이하다. 따라서 세계 최대 시장인 미국의 수입 규제 조치로 큰 시련을 겪고 있는 우리로서는 미국과의 거리도 가깝고 이 지역에서 수입되는 제품에 대해 1995년까지 규제를 가하지 않는 카리브 연안국을 대미 수출 우회 기지로 활용하기 위해 이들 지역으로의 진출이 요망된다.

(3) 실효성 있는 로비 활동

우리의 대미 로비 체제가 미 행정부의 고위층에게만 편중되어 있고 의회나 지방 정부, 기업가, 언론인들에게는 부재한 상태이다. 따라서 각계각층에 대한 실효성 있는 로비활동을 전개해 우리의 현실을 인식시키는 것도 중요하다. 그리고 미국의 보호주의가 우리의 수출을 감소시켜 외채 상환을 어렵게 만들고 대미 수입을 줄여 미국에도 불이익이 된다는 사실을 강조해야 한다. 계량경제학적인 분석이 반드시 옳은 것은 아니지만, 한국 상품에 대한 수입 규제 조치는 장기적으로 볼 때 미국의 무역 수지를 개선시키는데 그리 효과적이지 못하다는 연구 분석도 있다.

세 가지 방안만이 강구되어야 한다는 말은 아니다. 무역 마찰을 해결하기 위해서는 범국민적 노력이 있어야 함은 말할 필요가 없다. 기술 혁신, 생산성 향상, 경영 능력 제고 그리고 저축 증대, 소비 절약은 당연히 이루어져야 할 과제이다.

5. 결언

이상에서 미국의 통상 정책과 그에 대한 우리의 대응 방안을 간략히 살펴보았다. 미국이 주장하고 있는 공정Fair의 개념이 우리에게 그대로 적용될 수 있을까. 공정이란 개념은 강자와 약자에게 똑같이 해당된다고는 볼 수 없다.

여기서 사업은 사업이다Business is business. 그리고 모든 것은 줌

과 동시에 받아야 한다는 미국인의 의식 구조를 상기할 필요가 있다. 서양에서는 다른 사람에게 초대되어 음식 대접을 받으면 이쪽도 재빨리 초대해서 상호 관계의 장부상 수지를 맞춘다는 이른바 리턴 뱅킷트Return Banquet를 예의로 삼고 있는데, 이는 유교 문화에 익숙한 우리와는 대조적이다. 이런 점에서 보면 우리가 생각하는 최대 우방국이 시장 개방 압력, 수입 제한조치를 취하는 것도 이해가 된다. 하지만 과거 19세기 중반에는 어떠했던가? 영국에 비해 산업혁명을 늦게 한 미국은 해밀턴이나 캐리의 주장에 동조하지 않고 그들의 시장을 기꺼이 영국에 개방하였던가.

미국의 적절한 조치가 요망되는 바이며, 미국이 주장하는 공정무역에 대처할 우리의 적극적인 자세 또한 적극 요구된다. 그리고 한미 양국은 서로의 국익을 극대화할 수 있는 경제 논리와 협력 방안을 쌍무적인 협의 과정에서 해결 방안을 모색해야 할 것이다.

수대학보, 1985. 11. 16.

02
동북아 물류 중심화 전략

우리나라의 21세기 국가 경제정책 방향은 고도의 개방형 통상국가를 지향하는 동북아 물류·비즈니스 중심화 전략이다.

이는 우리나라의 경제 구조를 지식 기반 고부가가치 산업 중심으로 고도화시키고, 국내외 기업이 자유롭게 비즈니스 활동을 수행할 수 있는 기반을 조성함으로써 동북아 경제권의 산업·물류·비즈니스 중심지로 성장시킨다는 미래지향적 전략이다.

동북아 물류·비즈니스 중심화 전략의 핵심은 산업 구조의 고도화와 국제 물류 중심지화, 국제 비즈니스 거점화 등 세 가지로 이들 전략은 상호 연관관계를 갖고 국가 경쟁력 강화에 영향을 미친다.

산업 구조의 고도화는 국제 물류 시스템을 통해 국부로 실현될 수 있으며, 국제 물류 중심지화는 국제 교역·물류 산업·금융·투자·R&D 등 비즈니스 산업의 활성화를 촉진하고, 비즈니스 거점화는 국가 산업 및 물류 체계의 고도화를 주도한다.

그러나 우리의 동북아 물류·비즈니스 중심화 전략은 대외적으로는 중국·일본·대만 등과의 극심한 경쟁에 노출돼 있다. 또 대내적으로도 전략 추진을 위한 국가 역량의 집중이 이루어지지 못하는 등 갖가지 문제를 노출하고 있다.

중국 · 일본 · 대만 등은 이미 90년대 초반에 자국을 동북아 경제권의 물류 · 비즈니스 중심국으로 성장시킨다는 국가 전략을 채택, 적극적인 투자와 산업 구조 개편에 나서는 등 국가 역량을 집중해 왔다.

특히 역동적인 경제 성장을 거듭하고 있는 중국은 '아시아 경제권 산업 · 해운 · 물류 중심화 정책'을 채택, 적극적인 개방 정책과 함께 산업, 물류 인프라 개발에 나서고 있다.

상하이는 100대 다국적 기업의 80% 이상이 투자하고 있으며, 3천3백여 개의 금융 및 관련 업체들이 비즈니스 활동을 수행하는 등 이미 동북아 물류 중심지로 부상했다.

이 같은 대외 여건에도 불구, 우리나라의 국제 물류 · 비즈니스 중심화 전략은 아직 걸음마 단계를 벗어나지 못하고 있는 것이 현실이다.

국제 물류 · 비즈니스 중심화 실현을 위한 기본 요소인 공항 · 항만 및 물류 시설 인프라 개발, 수출입 및 국내 물류 · 유통 시스템 개선, 외국인 투자 제도 개선, 원스톱 서비스 체제 구축 등이 다른 정부 부처에 의해 제각기 추진되고 있다.

이 때문에 통합적이고 계획적인 정책 추진이 이뤄지지 않고 있으며, 국내외 기업 역시 중 · 장기적 물류 정책을 수립, 추진하지 못하고 있다.

새 정부는 이에 따라 지난 95~99년 5년간 한시적으로 운영됐던 '국가경쟁력강화기획단'과 유사한 범 정부 차원의 가칭 국가물류위원회를 하루빨리 설립, 동북아 물류 · 비즈니스 중심화 전략을 단계적이고 체계적으로 추진해야 한다.

국가물류위원회는 당연히 국제 물류 관련 법 · 제도 개선과 인프라 개발 및 추진 계획 조정, 물류 정보 시스템 구축, 외국인 투자 유치 전략 추진 등 각 분야에 대한 통일된 정책방향을 설정해야 한다. 또한 정부 각 부처가 일관되고 계획적으로 업무를 추진할 수 있도록 조정자 역할도 충실히 해야 한다.

이를 통해 국가 역량을 결집하고 국가 경쟁력을 강화함으로써 우리나라의 동북아 물류 비즈니스 중심화 전략을 조기에 달성하고, 우리나라를 신 통상 국가로 발전시켜 21세기 선진 경제 대국으로 발전시키기 위한 기반을 조성해야 한다.

국제 물류에서 항공 운송과 육상 운송도 무시 못 하지만, 우리나라의 지정학적 여건에서 볼 때 동북아 물류의 핵심은 역시 컨테이너 해운 중심의 부산항이다.

물류에서 가장 큰 비중을 차지하는 운송의 핵은 선**線: 운송 노선**과 점**點: 항만, 공항**이다. 이 선과 점에서 비효율이 발생하면 국제 물류는 실패할 수밖에 없다.

최근 급속하게 돌아가는 국제 해운 항만 · 물류 환경에서 볼 때 부산항은 앞날을 낙관하기 힘들어 보인다.

중국(동북지역)과 일본(서일본지역)의 틈새에서 환적 화물에 힘입어 세계 3위의 자리를 지켜온 부산항에 대해, 중국 상하이항과 선전항의 약진, 일본 기타큐슈 히비키항의 개발은 심각한 위협으로 떠오르고 있다.

부산항의 경쟁력 제고에 무엇보다도 필요한 것은 기업 경영 방식의 항만 운영 체제이다. 따라서 독립적이고, 효율적이며 신축적인 관리 체제를 갖춘 항만공사PA 체제를 하루빨리 부산항이 갖출 수 있기를 기대한다.

이러한 측면에서 올해는 새 정부가 우리나라를 동북아 물류 · 비즈니스 중심지로 성장시킬 수 있는 기반을 조성하는 한 해로 삼아야 한다.

국제신문, 2003. 01. 07.

03
통관 시스템이 경쟁력이다

세계경제는 WTO체제의 정착과 정보 통신 기술의 발전 등으로 인해 일류 경쟁력을 가진 국가와 기업만이 생존하는 무한 경쟁 시대를 맞고 있다.

기업도 전 세계를 대상으로 생산, 물류 네트워크를 가지고 초국가적 글로벌 경영 활동을 하며 자원 조달부터 생산·판매 등 전 과정을 공급사슬관리SCM의 개념 하에 종합관리를 하고 있다. 이에 따라 효율적인 국제 물류 관리가 기업 경쟁력의 중요한 요소로 부상하고 있다.

우리나라 경제 발전은 무역을 통해 이루어졌다고 해도 과언이 아니다. 1970년 우리나라의 무역 규모는 수출 8억 달러, 수입 20억 달러에 그쳤으나 2000년에는 수출 1천7백억 달러, 수입 1천6백억 달러로 세계 10위권에 도달했다. 관세 징수액도 30년 전에 비해 400배나 증가한 24조 원으로 불어났다.

재화가 이동하는 국제간의 무역은 수입국 세관에 의해 통관 절차를 마쳐야 종결된다. 수입 물품이 통관 절차를 마치기 위해서는 과세 가격의 평가, 품목 분류 등의 절차를 거치고 해당되는 관세 등의 세금을 내야 한다.

급증하는 무역량, 급변하는 세계 무역 환경 변화 속에 관세 행정의 수요자는 과거보다 더욱 신속하고 간편한 통관 제도를 요구하고 있다. 특히 우리나라가 동북아 국제물류 중심 국가로 도약하기 위해서는 수출입 물류의 지체 요인이 되는 제도를 과감히 제거해야 한다.

관세청에서는 서류 없는 신고, 부두 직통관제도 등 통관 제도의 간소화와 보세구역 외 장치 제도, 관세자유지역의 확대 등 보세제도의 개편 등으로 신속하고 정확한 관세 행정이 되도록 다각적인 면에서 혁신을 기하고 있다.

관세청은 기업의 물류비용 절감과 기업 경쟁력 강화를 지원하고 남북 육로 개통에 대비하는 한편, 납세자 편의 도모를 위해 통관 제도를 개선하고 관세청 종합상담센터를 개설하는 등 국민 편의를 위한 제도를 올해부터 시행한다.

그러나 아직 미흡한 부분이 없지 않아 통관에 있어서 몇 가지 개선책을 제기하고자 한다.

물류 흐름을 신속히 하기 위해 도입된 부두 직통관제도는 화주가 부두에서 물품을 곧바로 반출하고자 할 경우 물품 하선 장소를 부두내로 제한, 수입 통관을 즉시 처리하는 제도이다. 종전에는 항만 시설 부족 등의 이유로 컨테이너 물품을 부두 밖 보세창고로 운반한 뒤 통관 절차를 이행했으나, 선박이 도착하는 항만의 부두 내에서 통관하여 화주의 공장 등으로 직송할 수 있도록 허용하고 있다.

그러나 이 제도를 이용할 수 있는 항만이 제한적이고 관세 등을 납부할 자금 조달이 적기에 이루어지기 어려운 중소기업은 이 제도를 이용하기가 쉽지 않다. 제도의 실효성을 거두기 위해서는 이용 항만을 확대하고 관세 담보도 통관을 대행하는 관세사 명의의 포괄

담보를 활용하는 등의 방법을 고려해야 한다.

관세청이 수입 통관을 전산화한 이후 화주가 수입 신고 내용을 EDI 방식으로 전송함으로써 수입 관련 서류는 세관에 별도로 제출하지 않고 신고인의 전산 단말기에서 처리해 세관 방문이 필요 없게 되었다. 이에 따라 통관 비용과 시간이 대폭 줄어들고 물류 흐름을 촉진하고 물류비용을 절감하는 데 큰 기여를 했다.

하지만 아직도 관련 서류를 관세사 등 신고인에게 제출하고 이들이 대신 서류를 보관하도록 하고 있어 이에 대한 개선이 필요하다. 또한 물품의 통관 과정에서 각 특별법에서 요구하는 요건 구비 여부를 확인하도록 하고 있어 화주가 해당 기관에 검사 신청 등 필요한 서류를 별도 제출하고 확인을 받은 후 통관 절차를 수행하고 있다. 이 같은 번거로움을 해소하기 위해서는 각 기관 간의 정보 전산망을 연계하여 활용하는 방안을 모색해야 할 것이다.

통합 정보망이 구축되면 비단 통관뿐만 아니라 결제 · 운송 · 보험 · 보관 등 일련의 무역 절차를 원스톱으로 처리할 수 있게 된다.

주지하다시피 세계화 · 정보화 추세가 가속화되고 있는 가운데 관세 행정을 둘러싼 대내외 환경도 급격히 변화하고 있다. 변화에 대처하고 통관 절차의 간소화와 물류비용의 절감 등 수요자의 요구에 부응하는 선진 행정을 유도해 나가야 한다. 하지만 절차 간소화는 부정 무역이나 조세 탈루 등을 초래할 수 있으므로 조화롭고 효율적인 개선이 요구된다.

국제신문, 2003. 02. 18.

04
전략물자 수출통제

9·11 테러 사태 이후 미국을 비롯한 주요 국가는 전략 물자에 대한 수출 통제를 강화하고 있다. 세계 각국은 국제 평화를 해치는 대량살상무기의 확산 방지를 위해 자국의 법령과 제도를 정비하고 있다. 대량살상무기의 제조, 개발, 이용 등에 직간접으로 사용되는 물자, 기술을 공급자가 수출하지 말자는 공감대에서 국제 수출 통제 체제가 구축되어 있다. 우리나라는 관련된 국제 협약에 모두 가입하고 있다.

핵비확산 조약이나 바세나르협정 등의 수출 통제 체제가 통제 대상으로 정한 품목은 그 명세서만 500여 쪽에 달한다. 통제 대상 물품이나 기술을 수출하여 대량살상무기, 미사일 등 개발, 제조에 사용된 사실이 적발되거나 연루된 사실이 밝혀질 경우, 그 기업이나 관련자들을 국제 수출 통제 체제에 통보하도록 되어 있다. 또한 수출 통제 체제는 기업과 관련자를 부적격 거래자로 등재하고 모든 회원국에 그 리스트를 통보한다. 그러면 모든 회원국은 부적격 거래자에 대하여 3년간 통제 물자의 수출입을 제한하며, 연루 혐의가 규명되어 해소되지 않으면 무역 제재 기간이 연장된다.

각국 정부는 자국 법률에 통제 대상 물자의 불법 수출자에 대하여 형사처벌, 벌금, 행정 과태료, 관련 물품의 몰수를 정하고 있다. 미국은 위반자에 대하여 그 회사가 취급하는 모든 제품에 대해 미국과의 수출입을 최고 25년까지 금지할 것을 규정하고 있다. 우리나라도 대외무역법에 최고 7년 이하 징역형 또는 불법 수출 금액의 5배 범위 내에서 벌금을 부과할 수 있도록 하고 있다. 종전 국제 수출 통제 체제는 회원국 간의 이행 약속이었기 때문에 회원국은 이행해야 하지만 비회원국은 이행할 국제법적 의무가 없었다. 오직 수출 통제 체제 회원국과의 수출입이 제한되었다.

그런데 2004년 4월 28일 유엔안보리가 대량살상무기 비확산에 관해 결의함으로써 수출 통제는 모든 유엔 회원국이 지켜야 되는 국제 규범의 성격을 갖추게 되었다. 유엔안보리결의 1540호 본문에서, 모든 유엔 회원국에 대하여 비국가 행위자(정부조직의 행위자가 아닌 자 즉 민간 조직, 기업 개인 등)에 의한 통제 대상 물자의 모든 거래, 즉 연구 개발 단계에서 생산, 유통, 이전, 최종 사용(시도) 단계까지의 공급사슬 전체를 차단해야 하는 법률 제정, 탐지, 처벌, 기업에 대한 홍보 등을 책임지도록 명령하고 있다.

결국 수출 통제는 무역을 하는 기업이라면 피할 수 없는 국제 규범이 되어버렸다. 우리 기업들의 국제 통제 대상 품목으로 확인된 품목수가 2007년 7월 현재 2000개가 넘는다. 우리 기업은 수출 통제라는 새로운 무역 규범을 이해하고 지킬 수 있는 방안을 모색하고 실제로 이행해야 할 것이다. 대외무역 의존도가 70%를 넘는 우리나라로서는 전략 물자 수출 통제의 준수 여부는 국가 경제와 기업의 생존에도 극히 중차대하다. 하지만 많은 기업들이 아직도 전략 물자의 수출 관리 제도인 '자율관리제도'의 도입 필요성도 인식하지 못하고 있다.

앞으로 기업은 국제 환경을 모니터하면서 사내 수출 통제 이행 체계 구축에 박차를 가해야 하며 학계에서도 국제 수출 통제 동향, 사내 자율 준수 제도 등에 대하여 관심을 가져야 할 것이다. 나아가 무역 관련 안보 가치에 대한 국민의 공감대 형성에 정부가 앞장서야 할 것이다.

국민일보, 2007. 10. 30.

05
전시산업이 나아갈 길

지난 12일 코트라와 한국전시산업진흥회가 산업자원부 후원으로 제4회 한국국제전시 포럼을 코엑스에서 공동개최했다. 그날 UFI(국제전시협회)의 위트 회장을 비롯해 국내외 전시 관련 전문가들이 약 300여 명 참석했다. 세계 전시산업이 직면하고 있는 현안과 세계 전시산업의 경쟁과 협력 방안 등이 거론되었다. 필자는 한국전시산업의 발전방향에 대해 발표했다. 정말 전시산업의 세계적인 추세와 우리의 나아갈 방향에 대해 검토할 수 있는 아주 좋은 기회였다.

일반인들 중에는 전시산업이라 하면 생소하게 생각하는 이들도 있다. 우리나라 전시산업의 직간접 효과는 GDP의 0.18% 수준인 것으로 추산되고 있다. 지역 경제 발전뿐 아니라 국가 이미지 제고 및 관광, 숙박, 외식, 운송, 교통, 출판 등 유관 산업에 미치는 파급효과가 지대하다. 또한 최근에는 기업들이 전시회를 신제품 · 신기술 및 브랜드 홍보, 참가자들 간 네트워킹과 엔터테인먼트가 결합된 종합 마케팅 수단으로 활용하고 있다.

세계적으로 연간 2만여 회의 전시회가 개최되고 있다. 대형 전시장 건립 등 전시회의 대형화, 전문화, 통합화 추세가 지속되고 있는 가운데 해외 선진국들은 주요 해외 마케팅 수단 및 국가 전략 산업으로 인식해 세제 혜택뿐 아니라 전시장 및 관련 인프라 건립 지원 등을 통해 정책적으로 전시산업을 육성하고 있다.

전시산업이 가장 발달한 독일의 경우 국가 경제에서 전시산업이 차지하고 있는 비중은 GDP의 1%(24조 원)며, 외국과의 거래 계약 체결 중 약 60~70%가 전시회를 통해서 이루어진다고 한다.

우리나라의 주요 전시장으로 서울의 COEX, SETEC, aT Center, 대전의 KOTREX, 대구의 EXCO, 부산의 BEXCO, 제주의 ICC JEJU, 경기도 고양시의 KINTEX, 광주의 KDJ Center, 그리고 창원의 CECO 등을 들 수 있다. 이들의 총 전시 면적은 약 16만 7000m^2 정도다. 작년에 이곳에서 350여 회의 전시회가 개최되었다.

우리나라 전시산업은 1990년대 이후 지속적으로 성장하고 있다. 1991년에 비해 전시면적은 약 8배, 개최 건수는 약 5배 증가하는 등 외형적으로 급성장했다. 하지만 작년에 개최된 세계적 수준의 브랜드 전시회(5만m^2 이상)는 4회에 불과할 뿐이다. 그뿐 아니라 작년에 개최된 353회의 개최 건수 중에서, 국제 규모(2만m^2 이상)의 대형 전시회는 고작 17회뿐이었다. 국내 전시회에 참가한 업체와 바이어 중에서 해외 업체 및 해외 바이어가 차지하는 비중은 각각 23%와 2%에 불과했다는 조사도 있다.

이러한 가운데 전시회 개최는 수도권에 편중되어 있다. 작년에 전시회의 약 70%가 수도권에서 개최되었다. 전시장의 규모와 입지, 접근성, 숙박, 관광, 전문 쇼핑몰, 문화체험 공간, 엔터테인먼트 시설 등의 인프라를 감안하면 당연한 결과인지도 모른다.

이러다 보니 전시장 간에 경쟁이 격화되고 유사 전시회의 중복 개최, 나아가 전시회 서비스의 질 저하가 초래될 가능성이 커지고 있는 게 현실이다. 이제 우리 전시산업에서도 양적 성장에서 '선택

과 집중'을 통한 질적 성장으로의 전환이 요구된다.

최근에 킨텍스 2단계 확장 공사가 결정되어 우리나라도 10만m^2의 전시장을 보유하게 되었다. 이제 국제적으로 명성 있는 전시회 개최가 가능하게 되었다. 향후 최적의 인프라를 갖추고 세계적인 브랜드 전시회를 매년 수차례 개최할 수 있는 역량을 우리 전시산업이 갖추기 위해서는 전시산업발전법의 조속한 제정도 절실하다. 아울러 소위 굴뚝 없는 황금 산업이라고 불리는 전시산업에 종사하고 있는 전시 주최자, 전시장 운영자 그리고 전시장 관련 장치 공사업체들 모두가 시장 변화를 미리 감지하고 민감하게 반응하면서 전시 서비스의 소비자에 바탕을 둔 수요관리를 철저히 수행할 수 있는 역량을 갖춰야 한다. 나아가 국내에만 머물지 말고 해외 시장으로의 성공적인 진출을 통해 새로운 성장 동력을 보유하도록 노력해야 한다.

국민일보, 2007. 11. 27.

06
탄소가 돈이다

16년 전 독일의 속도 무제한 구간인 아우토반에서 엄청난 속도로 자동차를 운행한 적이 있다. 아주 빨리 달리고 있는데도, 뒤차가 더 빨리 가라고 바짝 따라붙어 당황했던 기억이 새롭다. 이 아우토반의 주행 속도가 시속 130km 이내로 제한될지도 모른다는 기사를 작년에 봤다. 이산화탄소 배출량 규제 때문이라는 얘기였다. 가까운 일본에서도 탄소 감축을 위해 노력하는 기업들(심지어 편의점까지)과 탄소 저감 컨설팅 업체들의 활동이 NHK 뉴스를 통해 자주 소개되고 있다.

요즈음 환경 문제와 관련해서 세계적으로 회자되고 있는 것이 있다. 다름 아닌 탄소배출권 거래다. 새로운 국제 거래로서 주요국에서 진행되고 확대되고 있다. 지구온난화 주범인 이산화탄소, 아황산가스 등 온실가스를 배출할 수 있는 권리를 사고파는 것이다.

전력 · 정유 · 가스 · 철강 · 금속 회사 등의 공장에 탄소 배출 한도를 부여하고, 이 한도를 넘어 배출하려면 한도를 남긴 회사의 배출권을 사게 만드는 제도다. 교토의정서의 발효에 따라 세계 각국은 시장 메커니즘의 이점을 살리고, 보다 효율적으로 온실가스 삭감이 가능하다는 점에서 탄소 시장 형성을 통해 배출권을 거래하고 있는데, 이 탄소 시장이 현재 급격히 확대되고 있다.

전 세계에 12개 정도의 배출권 거래소가 운영 중인데, EU에서 실행되고 있는 EU-ETSEmissions Trading Schemes가 가장 활발하다.

EU 지역에는 배출권 거래 시장이 7개 정도 형성되어 있으며, 유럽 기후거래소와 유럽 에너지 거래소를 중심으로 거래가 활발히 이루어지고 있다. 미국에는 시카고 기후거래소, 캐나다에는 몬트리올 기후거래소, 호주에는 뉴 사우스 웨일즈 거래소가 운영 중이며 일본에도 거래 시장이 형성되어 있다.

배출권 거래는 기업에 의무적으로 지워진 배출량 목표를 최소의 비용으로 달성하기 위한 수단의 하나다. 배출량 목표를 달성하기 위해 들이는 비용이 배출권 가격보다 크면, 배출량을 줄이지 않고 배출권을 매입할 것이다. 반대로 비용이 배출권 가격보다 적으면 배출량을 더 줄여 거기서 확보한 배출권을 매출할 수 있을 것이다.

탄소 배출권은 온실가스 배출을 감축하거나, 개발도상국의 온실가스 배출량을 줄일 수 있는 기술, 투자를 통해 확보할 수 있다. 우리나라 모 기업이 청정 설비를 도입하여 탄소 배출권을 확보함으로써 약 100억 원의 수익을 올리기도 했다.

최근에는 혁신적이고 비용이 저렴한 자발적 탄소 시장에 대한 관심과 참여가 높아지고 있다. 자발적 탄소 시장이란 탄소 감축 의무가 없는 기업 및 기관, 비영리 단체, 개인 등이 사회적 책임과 환경보호를 위해, 활동 중에 발생한 탄소를 자발적으로 상쇄하거나 탄소 배출권을 구매하는 등 다양한 목적으로 배출권을 거래하는 시장이다. 작년 말 일본 우정성이 발행한 '카본 오프셋 기부금 포함 연하엽서'가 그 예이다. 요금의 일부를 환경 단체에 기부하기로 했던 것이다.

세계은행은 2010년 세계 배출권 시장 규모가 1,500억 달러로 2006년 대비 무려 5배 성장할 것으로 전망했다. 교토의정서에 따라 2008년부터 실시되는 배출 허용량의 엄격한 책정으로 배출권의 가격이 상승하고 거래량도 증가할 것으로 예상하고 있다.

현실적으로 보면 탄소 배출권은 환경 보호 기준을 초과하는 '온실가스 배출'이라는 '죄'를 면해주는, 즉 탄소 배출을 가능하게 해주는 면죄부 같은 성격을 띠고 있다. 이 면죄부가 글로벌 시대에 맞게 세계적으로 거래가 더욱 활성화될 것이다.

과거의 면죄부와는 달리 현대의 오염 면죄부는 환경오염을 방지하기 위해 공공연하게 새로 발행되고 거래될 것이다. 그 면죄부의 값이 높이 뛰어 경제 성장의 걸림돌이 되지 않게 하기 위해서는 세계 각국의 정부, 기업, 개인들이 스스로 온실가스 배출을 줄이는 데 노력해야 할 것이다. 효과적인 탄소 관리가 우리 모두의 핵심 업무가 될 날이 멀지 않았다. 정말 탄소가 돈이 되는 시대가 도래했다.

국민일보, 2008. 05. 21.

07
'발등의 불' 식량 위기

2006년 이후 소맥, 쌀 등 세계 주요 곡물 가격이 급등했다. 이에 따라 지난해부터 30여 개도국에서 식량을 구하고자 하는 폭동이 발생했다. 폭동으로 정권이 붕괴된 나라도 생겼다. 세계적인 식량 가격 폭등 문제를 논의하는 유엔 식량 안보 정상회의가 지난달 3일부터 사흘간 로마에 있는 유엔식량농업기구FAO 본부에서 열렸다. 이 회의는 '모든 사람에게 식량을'이라는 주제로 1996년 11월 처음으로 개최됐다. 그 당시 세계적으로 8억 4000만 명이 만성 영양 부족 상태에 있었다. 2015년까지 이를 반 이하로 줄이는 게 회의의 목적이었다. 하지만 그 사이 사정은 좋아지지 않고 오히려 악화돼 가는 감마저 있다.

경제협력개발기구OECD와 FAO는 식량 가격이 향후 10년간, 최근 가격 폭등 전 수준으로 돌아가지 않을 것으로 전망하고 있다. 식량 가격 폭등 원인으로는 지구 온난화에 따른 한발과 홍수에 의한 흉작, 신흥국의 식량 수요 증가, 식량 생산국의 수출 규제, 바이오 연료 증산 및 투기 자금 유입 등을 들 수 있다. 올해 말 세계 곡물 재고율(소비량에 대한 재고량의 비율)은 미국 농무부 예측에 따르면

15.5%이며 일수日數로 환산해 56일분이다. 이는 FAO의 안전 수준(17~18%, 62~65일분)을 밑도는 것이다.

사태의 심각성을 느낀 FAO는 지난 '세계 식량안보 고위급 회의'에 각국 정상의 참가를 호소해 사실상 정상회의로 격상시켰다. '기후 변화와 바이오 에너지의 도전'이란 주제로 열린 회의에는 반기문 유엔 사무총장을 비롯해 니콜라 사르코지 프랑스 대통령, 루이스 아니시오 룰라 다 시우바 브라질 대통령 등 세계 40여 개국 정상과 주요 국제기구 대표들이 참석했다. 미국은 대통령 대신 에드 샤퍼 농무장관이 대표로 참석했다. 지난 회의는 곡물 가격 폭등에 관해 국가 정상 레벨에서 협의한 최초의 모임이었다. 식량 가격 폭등의 원인으로 바이오 연료와 식량 수출 규제에 초점을 맞추었다. 바이오 연료가 가격 폭등의 주범은 아니지만 곡물 가격이 상승하고 있는 가운데 곡물을 바이오 연료의 원료로 사용하는 것이 옳은가 하는 비난이다. 바이오 연료란 곡물 등 유기체에서 추출한 연료로 석유 · 석탄 등 화석연료의 대체 자원으로 활용된다.

바이오에탄올과 바이오디젤 그리고 바이오가스 등이 바이오 연료인데, 세계 총 생산량의 90%를 미국과 브라질이 생산하고 있다. 미국과 브라질은 이번 회의 개막 전부터 현지에 도착해 바이오 연료가 식량 문제를 야기하고 있지 않다고 호소했다. 미국은 바이오 연료는 친환경적이며 곡물 가격 폭등에 미친 영향은 아주 미미하다고 주장하고 있다. 하지만 세계은행은 보고서에서 미국의 바이오 연료가 식량 가격 상승의 주요 요인이라는 견해를 밝혔다.

식량 수출을 규제하는 나라는 베트남 · 브라질 · 방글라데시 · 캄보디아 · 인도네시아 · 인도 · 이집트 · 세르비아 · 우크라이나 · 카자흐스탄 등이다. 인도는 저렴한 쌀을 확보하기 위해서 베트남은 병충해와 태풍 피해의 영향으로 생산이 감소했기 때문이라는 이유를 내세우고 있다. 수출 규제는 당연히 최소화돼야 한다. 물론 규제 철폐가 현실적으로 불가능한 부분도 있다. 농산물 생산과 소비의 편재를 해소하는 한 가지 방안이 원활한 농산물 무역이다. 수입 규제도 문제지만 수출 규제 역시 글로벌 경제의 대원칙인 자유무역에 반하는 것이다.

지난 주 일본 홋카이도 도야코에서 열린 G8 정상회의에서도 식량 위기에 관해 논의했으나 식량수출 규제를 풀 것을 요청하는 수준에서 그쳤다. G8 정상들은 식량 부족을 겪는 개발도상국에는 공적개발원조ODA 등 지원책을 확대하기로 의견을 모으기도 했다.

현재 세계는 해결이 정말 어려운 식량 · 에너지 · 환경이라는 3가지 문제에 직면해 있다. 서로 밀접한 관계를 지니고 있기 때문에 한 나라만의 노력으로 해결될 수 없다. 식량 가격 폭등의 경우 투기적인 측면이 있으면 그것을 감시하는 국제기구도 필요하다. 나아가 식량 증산을 위한 단기적 지원 대책뿐 아니라 농업 분야 연구 개발 · 투자와 같은 장기적인 대책이 지구적 차원에서 강구돼야 한다.

국민일보, 2008. 07. 15.

08
저비용 항공과 지방 공항

해외여행이라고 하면 떠오르는 이미지 중 하나가 하늘 저 멀리 떠 있는 비행기의 모습이 아닐까. 유럽 여행을 해본 독자라면 저비용 항공의 이점에 대해 충분히 공감하리라. 우리나라도 경제 수준이 높아지고 여행객이 늘어남에 따라 항공 수요가 급증했다. 다양한 저비용 항공사Low Cost Carriers, LCCs가 설립되는 것도 이 같은 맥락에서 이해할 수 있다.

저비용 항공사는 1970년대 미국에서 시작된 항공 운송 분야의 규제 완화 정책의 결과로 출현했다. 저비용 항공사는 기내 서비스를 거의 없애고 소형 항공기를 이용하여, 단거리 운항을 함으로써 운영비용을 낮춰 저렴한 가격에 항공 서비스를 제공하는 회사를 말한다. 대표적인 저비용 항공사로는 유럽의 라이언에어Ryanair, 이지젯EasyJet을 들 수 있고, 미국에는 사우스웨스트Southwest, 젯블루Jet Blue가 있다. 아시아에서는 에어아시아Air Asia가 대표적이며, 한국에는 제주항공과 한성항공이 있다.

저비용 항공사는 기존 항공사와의 경쟁에서 살아남기 위해 틈새시장을 공략하고 다양한 운영 전략을 구사한다. 저렴한 항공권을 제공하기 위해 저비용 항공사는 기내 서비스를 제공하지 않거나 유료화하기도 하고, 요청하는 승객에게만 물이나 주스를 제공한다. 기존 항공사가 여행사를 통한 간접 판매에 대해 수수료를 지급하는 데 비해 저비용 항공사는 인터넷을 통한 항공권 판매로 비용을 절감했고 항공기 기종을 단일화하여 운항 비용 및 정비 비용을 줄였다. 공항 이용료가 비싼 대형 공항을 이용하지 않고 도심 근처의 보조 공항을 이용함으로써 경쟁력을 확보하였다. 그리고 '탄력 가격 정책'을 통해 구매 시점, 환불 및 취소 가능 여부, 요일 및 시간대에 따라 다양한 요금으로 티켓을 제공했다.

한성항공은 2005년 8월 31일부터 운항을 시작한 국내 최초의 저비용 항공사이다. 제주항공은 애경그룹과 제주도의 공동 출자로 설립돼 2006년 6월 5일부터 정기 운송 사업을 시작했다. 이밖에 대양항공, 부산국제항공, 에어코리아, 영남에어, 이스타항공, 퍼플젯 에어라인즈 등이 설립됐다.

신생 저비용 항공사들이 운임을 낮추기 위한 방안은 다방면에 걸쳐 실현된다. 제3 세대 항공사를 표방한 퍼플젯 에어라인즈는 서비스 질은 높이되 가격은 낮추겠다는 전략을 구사할 계획이다. 대양항공도 프리미엄 서비스를 앞세운 운영 방침을 세웠다. 전 좌석에 기내 엔터테인먼트 시설을 장착하고 실시간 위성 뉴스를 제공할 예정이다. 또한 비즈니스 전세기 사업에 진출해 침대와 샤워부스도 설치하며, 전세기 취항 공항과 연계해 호텔까지 리무진 서비스를 운영할 계획이다.

우리나라의 경우 여행객뿐만 아니라 지방 공항과 지자체도 저비용 항공사의 출현을 반길 것이라 생각된다. 몇몇 지방 공항은 수익성이 떨어진다는 이유로 기존 항공사가 취항을 기피하고 있다.

예천공항은 이용객 감소로 2004년 폐쇄됐고 양양공항의 경우 2006년 하루 평균 이용객이 11명에 불과했다. 대다수 지방 공항은 KTX 개통 이후 제주 노선을 중심으로 명맥만 이어가고 있는 상황이다. 이 같은 상황에서 저비용 항공사의 등장은 지방 공항과 지역 경제 활성화를 가져올 것이라는 희망을 심어주고 있다. 국제공항 이름이 무색하던 청주공항은 한성항공 취항으로 기사회생한 전례가 있다.

최근 고유가로 인해 산업계 전반이 어려움을 겪고 있는 가운데 최고가인 항공유를 사용하는 항공업계의 어려움은 갈수록 심화되고 있다. 특히 국내선만 운행하고 있는 저비용 항공사들은 더욱 고통을 받고 있다. 이런 가운데 신생 저비용 항공사와 지방 공항 모두의 상생相生을 위해서는 노선 유치와 시설 사용료 감면뿐 아니라 전략적 제휴 등 다양한 영역에서 협력 관계를 구축할 필요가 있다. 저비용 항공사와 지방 공항은 실과 바늘 같은 관계에 있다.

국민일보, 2008. 08. 12.

09

新日鐵신닛테츠 합병, 日 대형 M&A 물꼬트나

2000년대 들어 중국 조강 생산 증가세가 가속되면서 중국이 세계 철강 산업을 주도하고 있다. 반면 미국·일본·유럽연합EU 등 선진국은 상대적으로 그 위상이 급격히 위축됐다.

세계 철강회사 조강 생산 순위(2009년 기준)는 아르셀로와 미탈 간 합병으로 2006년 탄생한 아르셀로미탈이 7,320만 톤으로 1위, 중국 허베이제철그룹(4,020만 톤)과 바오산제철그룹(3,869만 톤)이 2,3위를 차지했다. 일본은 과거 세계 1위였던 신닛테츠(신일본제철)가 2,760만 톤으로 6위, JFE스틸이 2,630만 톤으로 9위, 스미토모금속이 1,080만 톤으로 23위였다.

전후 부흥기부터 고도성장기까지 일본 경제 견인차 구실을 해온 신닛테츠 역사는 통합과 해체의 반복이었다. 1934년 야와타·후지·규슈제강 등 제철 합동에 의해 '일본제철'이 설립됐다. 하지만 2차 대전이 끝난 뒤 해체되고, 1970년 야와타제철과 후지제철이 합병하여 신닛테츠新日鐵로 다시 태어난 것이다. 현재 신닛테츠 야와타

제철소(기타큐슈시) 종업원은 약 3,000명인데, 한창 좋았던 1963년 당시 종업원 수는 4만 3,666명이었다. 내수 감소와 신흥국 철강사들 추격으로 일본 철강 산업이 최근 많은 어려움을 겪으면서 강력한 구조조정이 있었음을 보여주는 숫자다.

지난 2월 3일 신닛테츠와 일본 3위 철강사인 스미토모금속이 내년 10월 1일까지 합병하기로 발표했다. 이에 일본 2위인 JFE스틸 하야시다 에이지林田英治 사장은 "양사 결단에 경의를 표한다. 철강업을 둘러싼 경영 환경이 격변하고 있는 가운데 경영 통합은 세계와 일본 철강업 발전에 기여할 것으로 환영한다"고 말했다는 보도가 나왔다.

사실 그동안 양사는 최근 수년간 주식 상호 보유와 스테인리스 사업 통합 등을 통해 활발하게 제휴해 왔다. 현재 신닛테츠는 스미토모금속 주식 9.4%를, 스미토모금속은 신닛테츠 주식 4.2%를 보유하고 있어 두 회사 모두 상대 회사의 2대 주주다. 하지만 양사가 합병하려면 공정거래위원회 독점금지법 심사를 거쳐야 한다. 양사가 통합하면 2009년 기준으로 일본 내 조강 생산 점유율이 43%, 열연강판 점유율은 약 절반에 이른다고 한다. 일본 공정거래위원회가 이 합병을 승인할지는 의문이다.

일본은 기업 합병에 대한 가부를 판단하는 기준을 2007년 4월 변경했다. 시장 점유율 기준을 '국내'에서 '세계'로 바꿈으로써 거대기업 탄생에 길을 열었다. 즉 국내 점유율이 높아도 세계 시장 점유율이 낮으면 합병을 승인할 수 있게 한 것이다.

신닛테츠와 스미토모금속 간 합병은 급변하는 글로벌 경쟁 속에서 중국·인도·브라질 등 신흥국에서 폭발적으로 증가하는 수요에 부응하고자 하는 판단에 의한 것으로 보인다. 아시아 신흥국을 중심으로 철강재 수요는 확대될 것으로 전망된다. 이로 인해 원료 가격이 상승할 것으로 보여 철강 원료의 안정적 조달이 철강 산업 경쟁력에 매우 중요한 요소가 될 것이다. 이런 가운데 철광석과 석탄 등 철강 원료를 장악하고, 브라질이나 호주에 거점을 둔 자원회사, 즉 자원 메이저도 거대화하고 있다. 자원 메이저는 경영 통합을 반복한 결과 과점화가 진행돼 철강사와 가격 교섭을 할 때 우위를 차지하게 됐다. 이런 점에서 신닛테츠와 스미토모금속이 합병하면 자원 메이저에 대한 가격 교섭력이 회복될 것으로 보인다.

이번 양사 간 합병 예고는 일본 철강 산업에만 충격을 미치는 것이 아니다. 세계 5위인 포스코를 포함한 국내 철강사에 대한 영향 검토가 필요하다. 나아가 이를 계기로 일본 전자 · 자동차 분야에서 거대 합병이 일어날 가능성에 대한 국내 동종 산업계의 대비도 절실한 실정이다. 일본 기업의 거대 합병이 전자 · 자동차 업계에서도 계속될지 모른다.

매일경제, 2011. 03. 02.

10
수출 中企, 엔저 공습 극복하려면

작년 10월 제주 성산포에서 맛본 광어회가 아직도 기억에 남아 있다. 일본에 수산물을 수출하는 한 양식업체가 성산포 바닷물을 끌어올린 양식장에서 잡은 광어였다. 바다가 내다보이는 이 업체의 사무실에서 학생들과 교수가 광어회를 즐기면서 사장님과 1시간 정도 수산물의 일본 수출 과정과 애로 사항에 대해 얘기했다. 사무실 앞에서 활어차에 실어 제주항으로 보내고 이것을 다시 부산항으로 보내고, 이게 다시 환적돼 시모노세키로 간다고 한다. 시모노세키 도착 후엔 여러 유통·가공 과정을 거쳐 일본 내의 슈퍼에 도착, 최종적으로 일본인들의 식탁에 오른다.

이 운송, 보관, 통관, 포장, 하역 등의 공급사슬 과정에 있는 한·일 간 물류 문제와 신용장 등 대금 결제 방식에 대해서도 의견을 나눴다. 밀보다 쌀을 주식으로 하는 민족이 수산물 소비가 많은데, 1인당 수산물 소비량이 세계 최고인 일본에 수산물 수출을 늘리기 위한 전략에 대해서도 논의했다.

이 양식업체는 한국무역보험공사에서 실시하고 있는 '글로벌 무역 성장 사다리 프로그램'에 선정된 수출 초보 기업이다. 무역보험

공사의 이 프로그램은 중소·중견기업을 수출 초보 기업, 수출 유망 기업, 글로벌 전문 기업 등 성장 단계별로 나눠 맞춤형 무역 보험 및 무역 지원 서비스를 융합해 제공하는 것이다.

그런데 지금 생각하니 1시간의 짧은 미팅인 이유도 있었지만, 현재의 엔저 공습을 보면서 환위험 관리에 대해 깊이 있게 논의하지 못한 점이 매우 아쉽다. 농식품이나 수산물은 대일 수출 비중이 약 40%에 달해 엔저의 영향을 가장 많이 받는 업종이다. 그런데 이들 업종에 속한 기업은 대부분 중소기업이기 때문에 효과적인 대응 전략 수립이 어려운 상황이다. 최근 일부 업체들은 급격한 엔저 현상으로 수출을 포기한다는 소식도 나오고 있다.

이에 대일 수출 중소기업에 대해 환변동 보험 활용을 추천하고 싶다. 중소기업들은 마진이 크지 않기 때문에 환변동 보험 가입을 안 하는 곳이 많다고 한다. 그러나 업계가 마진 때문에 환변동 보험 가입을 안 하는 것이 아니라 키코KIKO 트라우마가 있기 때문에 두려운 마음에 환변동 보험 가입을 안 한다고 보는 것이 맞을 것이다. 농수산물 수출 기업과 같은 영세 중소기업에 대해서는 업종 단체나 지자체, 농수산식품유통공사 같은 곳에서 환변동 보험료를 지원하는 사업을 하고 있기 때문에 이런 제도를 잘 활용하면 헤지hedge 비용을 절감할 수 있을 것이다.

환율 전문가들이 일정 기간 장래 환율을 전망해 발표하는데, 여러 전문가들의 환율을 평균한 것을 사업계획 환율로 잡고, 시장환율이 사업계획 환율 이상으로 올라가면 장래 수출 물량의 일정 부분을 분할해서 환변동 보험에 가입하는 것이 바람직하다. 환헤지는 분위기에 편승해서 '올인'하면 절대 안 된다.

일본과의 경제적, 지리적인 연관성을 볼 때 한국은 엔저의 최대 피해국 중 하나다. 지난해 대일 수출은 10.4% 감소했으며, 수입은

6.7% 감소했다. 수출도 줄었고, 수입도 줄었지만 수출 감소폭이 수입 감소폭보다 큰 것은 엔저 여파가 반영된 것이라고 할 수 있다.

엔저 상황에 대해 통화 당국의 정책 수단은 그리 많지 않다. 원 · 엔 환율은 도쿄외환시장에서 결정된 엔 · 달러 환율과 서울외환시장에서 결정된 원 · 달러 환율을 달러 기준으로 결합해 계산한 재정 환율에 의해 결정되기 때문이다. 따라서 단기적으론 환변동 보험을 통해 엔저에 대처할 필요가 있다. 뿐만 아니라 장기적으로는 한국 경제의 체질을 개선해 항구적인 경쟁력을 가질 수 있도록, 정부와 업계가 손잡고 보다 적극적인 기술개발과 원가 절감에 나서는 생산성 제고 노력이 절실하다.

한국경제, 2014. 02. 05.

11

정체된 교육 서비스의 수출, 이제는 늘려야 한다

지난 10년간 한국의 교육 서비스 무역 수지는 매년 3조~4조 원의 적자를 보이고 있다. 교육 서비스 수입은 우리나라 학생들이 외국으로 유학 가거나, 우리나라에 설립된 외국대학에 입학하는 것을 말한다. 교육 서비스 수출은 반대로 외국 학생이 우리나라 대학에 유학 오거나, 외국에 설립된 우리나라 대학으로 입학하는 경우다.

외국의 초등학교, 중학교, 고교, 대학교로 우리나라 학생이 나가는 경우야 말할 필요도 없고, 최근엔 제주도나 인천 송도 지구에 설립된 외국의 중고교 및 대학(원)으로 입학하고 있다. 이처럼 우리나라는 교육 서비스를 정말 많이 수입하고 있다.

하지만 우리가 교육 서비스를 수출하는 실적은 수입 실적에 비하면 조족지혈이다. 그것도 중국인 유학생이 우리의 교육 서비스 수출에서 차지하는 비중이 막중하다. 한마디로 교육 서비스의 수출 다변화가 전혀 이루어지지 않고 있다. 우리 교육 서비스의 수출은 양과 질 양면에서 수준이하라고 할 수 있다. 막걸리도 수출하는 수출 대국인 우리나라가 교육 서비스 수출은 왜 이 모양인가?

인문계, 상경계, 사회과학계 및 이공학계를 포함한 여러 학문 분야에서 우리나라 대학에 공부하러 유학 오는 외국인은 선진국에 비하면 극히 소수이지만, 주로 어떤 나라 출신들인가. 그동안 우리는 영어 강의 개설도 하는 등 국제화 노력에 박차를 가하고 있지만, 선진국 출신 유학생은 그렇게 많이 오지 않는 실정이다. 이건 무엇을 말하는가? 그네들이 보기엔 매력적이지도 못하고 경쟁력이 높지 않다는 것이다.

필자가 근무하는 대학원 무역학과엔 10여 년 전부터 우수한 중국인이 아주 많이 지원하고 있다. 안타깝게도 한국어 능력시험 최고 수준인 6급 소지자들이 주로 지원하는데 이들도 다수 탈락할 정도다. 일반대학원의 석사학위 논문 제출을 의무화한 '고등교육법 시행령 제44조'에 따라 외국인도 석사논문 제출 의무가 있어 논문 지도의 부담이 크기 때문이다.

따라서 추가 학점 이수로 논문 제출을 면제해 주는 외국처럼 규정이 바뀌면 우리 교육 서비스를 더 많이 수출할 수 있을 것이다.

국내의 모 대학은 온라인 교육과 오프라인 수업을 병행하는 MBA 과정을 운영하면서, 이 프로그램을 해외로 수출하고 있다. 대상은 해외 주재 한국인 상사원, 교포 및 현지인 등으로 많은 나라에서 좋은 반응을 얻고 있다.

이처럼 대학마다 평가기준의 하나인 글로벌화 지수를 높이기 위해 교환학생 유치 및 국제하계 강좌에의 외국학생 유치 등에 노력을 경주하고 있다. 이것도 단기적인 교육 서비스 수출이라고 볼 수 있다. 무엇보다 정규 학생으로 우리 대학에 등록해야 진정한 의미의 교육 서비스 수출이라고 할 수 있을 것이다.

시간과 공간을 초월한 온라인과 오프라인 수업의 병행을 통해 교육 서비스의 다양화, 교육 서비스 시장의 해외 개척을 통한 교육 서비스 공급 지역의 다변화, 전 세계의 학생들을 연결하는 글로벌 네트워크 구축을 통한 교육 서비스 기능의 다각화를 통해 우리의 교육 서비스를 해외로 수출코자 하는 전략이 절실한 시점이다.

만시지탄이지만 우리 교육 서비스 수출 진흥을 위해 대학은 차별화된 전략을 세워야만 한다. 아울러 교육부만이 아니라 산업통상자원부 등 정부 역시 수출 진흥을 위해 다양한 아이디어를 강구해야만 할 것이다.

아시아 투데이, 2014. 08. 07.

12
인도 병원이 카리브해로 간 이유

한국보건산업진흥원에 따르면 2013년 11월 현재 세계 각국에 진출한 한국 의료 기관은 19개국 111곳에 이른다. 미국과 중국이 대부분이며, 요즘에는 말레이시아 · 태국 · 필리핀 등 동남아 지역에도 조금씩 진출하고 있다. 하지만 해외에 진출한 병원 중 성공 사례로 꼽을 수 있는 것은 많지 않다고 한다.

의료 서비스 소비자와 생산자의 이동 여부로써 의료 서비스 무역의 형태를 4가지로 분류할 수 있다. 의료 서비스의 소비자만 이동하고 생산자는 이동하지 않는 경우가 의료관광에 해당한다. 소비자와 생산자가 모두 이동하지 않는 경우는 통신 의료, 통신 진단 등 원격 의료가 여기에 해당한다. 소비자는 이동 않고 생산자만 이동하는 경우가 병원의 해외 진출이다. 소비자와 생산자가 모두 이동하는 경우도 있다. 카리브해의 그랜드 케이만 섬에 나라야나 헬스 병원 그룹을 모체로 하는 심장외과가 올해 2월 25일에 개업했다. 이것은 인도 병원이다. 미국 마이애미에서 비행기로 90분, 미국의 환자가 늘고 있어, 140개의 침상을 10년 후에 2,000상으로 확대할 야심찬 계획을 세우고 있다.

2001년에 창업한 인도의 나라야나로서는 최초의 해외 진출이다. 나라야나는 저렴한 수술비로 유명하다. 외과 수술에서 가장 어려운 수술로 알려진 심장 수술은 인도 평균의 반액이며, 미국의 불과 몇 % 밖에 되지 않는다.

의료 서비스 무역이 현재 어느 정도의 규모인지는 정확히 알 수가 없다. 하지만 중요한 것은 의료 분야에 있어서의 무역은 소비국 또는 제공국 양측 모두의 공중위생의 문제에 저촉해서는 안 된다는 것이다. 이 점을 충분히 고려하면서 보다 경쟁적인 환경에서 효율적인 의료 서비스의 제공을 목표로 해야 한다. 생명을 다루는 분야인 만큼 단순한 규제 완화가 아니라 보다 양호한 규제의 실현이 필요할 것이다.

이제 우리도 의료 서비스 무역의 현실과 문제점 등을 조명하고 의료 수출의 경쟁력 증대를 위한 발전 전략을 모색해야 할 때이다.

중앙일보, 2014. 08. 19.

13

위안화 SDR 편입과 우리의 대응

중국 위안화의 국제통화기금 SDR(특별인출권) 바스켓 편입이 지난해 12월 1일 결정됐다. 2010년 자유로운 사용 기준에 부합하지 못해 편입이 좌절된 이후 5년 만이다. 5개 바스켓 통화 중 가중치(10.92%) 기준으로 달러, 유로에 이어 3번째 규모다.

중국은 세계 최대의 생산국이자 수출국이며 13억의 인구를 지닌 나라다. 2001년 WTO 가입을 계기로 급격한 경제 성장을 이루며 실물 부문에서 '경제 굴기'를 달성한 중국은 위안화의 SDR 편입을 계기로 금융 부문에서도 굴기를 이루려는 목표를 분명히 하고 있다.

SDR 편입에도 불구하고 중국의 경제 성장률 둔화와 미국 금리 인상 등으로 인해 위안화는 단기적으로 약세를 유지할 가능성이 크고, 달러 중심의 국제 통화 체제가 급격하게 변화할 것으로 기대하기는 어렵다. 그러나 중장기적으로 각국 중앙은행과 국부펀드의 위안화 준비통화 수요와 AIIB(아시아 인프라 투자은행)의 대출, 인프라 건설 자금 등 실물 부문의 수요 확대로 인해 위안화는 글로벌 기축통화로 자리매김할 것으로 보인다.

SDR 편입과 금융 시장의 개혁 · 개방 및 자율화 과정을 거쳐 위안화의 위상은 강화되고 중국 금융 시장은 발전할 것으로 예상된다. 이는 현재 시진핑 정부의 서비스 산업 육성과 내수 · 소비 중심의 발전을 추구하는 경제 체제 변화와 더불어 우리나라에 상당한 영향을 미치게 될 것이다.

한 · 중 간의 밀접한 경제 관계를 감안하면 중국 금융 시장의 확대는 한국 주식 · 채권 시장에 대한 투자가 증가하는 직접적인 효과가 기대된다. 그리고 위안화 직거래 시장 개설로 우리나라 전체 수출의 25%를 차지하는 중국과의 무역에서 달러를 통하지 않고 직접 위안화로 결제함으로써 수출입 기업들은 거래 비용을 절감할 수 있게 된다. 또한 중국의 내수 확대와 위안화 절상이 가시화되면 대중국 수출 증가와 더불어 여행, 교육, 미디어, 의료 등 서비스 분야의 신규 수출 확대도 가능해진다.

반면 중국 금융 시장의 발전과 중국 주식 · 채권에 대한 글로벌 수요가 확대되면 한국 시장에서 외국인 자금이 유출되는 등 간접 피해가 우려된다. 지난해 8월 인민은행의 위안화 절하 조치와 최근 위안화 가치 급락의 경우와 같이 중국 금융 시장의 변동성 확대는 중국 의존도가 큰 한국 경제에 상당한 영향을 미치게 되며, 국내 기업에는 환리스크 증가로 작용하게 된다.

한편 전체 무역에서 가공 무역이 차지하는 비중이 30%대로 떨어진 중국을 가공 무역 기지로 활용하는 수출 기업들의 경쟁력 하락도 우려된다. 중국의 인건비와 임대료 상승은 중국에 진출한 한국 가공 무역 업체들의 생산 비용 증가를 초래할 것이다. 그리고 추후 위안화 절상까지 가시화될 경우 중국의 수출 경쟁력이 추가적으로 악화될 것이고, 대중국 가공 무역이라는 우리나라의 주요한 수출 모델이 악영향을 받을 수 있다.

결론적으로 위안화 SDR 편입과 중국의 경제 구조 개편은 우리나라 기업에는 기회와 위기가 공존하는 양날의 칼로 작용하게 된다. 중국 금융 시장의 변동성 확대와 중국 가공 무역 수출 기업의 경쟁력 약화가 우려되는 반면 중국 자금의 한국 유입 증가, 중국과의 무역 거래 비용 감소, 중국 내수 확대에 따른 서비스 수출 증가 등이 기회 요인으로 작용할 수 있다.

중국의 총 수입액 중에서 한국으로부터의 수입 비중이 10.8%로 1위이지만, 부품 · 소재를 제외한 내수용 부문의 중국 총 수입액 중에서 한국이 차지하는 비중은 5% 수준에 그친다. 중국이 성장률 둔화로 어려움을 겪고 있으나, 중장기적으로 내수와 서비스업 중심의 신창타이新常態 정책이 성공하고 위안화가 강세로 전환될 경우 지금까지의 대중국 수출 전략은 더 이상 유효하지 않게 된다.

이에 정부와 국내 기업들은 중국 수출 비즈니스 모델의 수정 · 변경에 대비해야 한다. 산업연구원의 보고에 따르면 중국이 전략적 신흥 산업, '중국 제조 2025' 정책을 실시하면서 핵심 부품 소재와 장비 수요가 크게 늘어나고 있다. 제조업 분야에서는 기술적 우위가 있는 핵심 부품과 고부가가치 소재 및 장비에 집중해 글로벌 가치사슬을 새롭게 강화하는 한편 중국의 소비 패턴 변화를 겨냥한 내수용 최종재 수출 비중을 늘려야 한다. 또한 한 · 중 FTA 등 자유무역협정을 적극 활용하여 새로운 수출 기회를 창조하고, 경쟁력 있는 서비스산업 수출을 대폭 확대해 선점 효과를 누리도록 해야 할 것이다.

부산일보, 2016. 01. 13.

14

스마트 팜 플랜트, 수출산업화 필요하다

유엔 산하 식량농업기구FAO는 2050년에 세계 인구가 96억 명에 이를 것으로 전망했다. 이에 따라 이 많은 사람을 먹여 살릴 첨단 농업인 스마트 팜에 대한 관심이 높아지고 있다.

지난해 서울대 차세대융합기술연구원에서 시행한 스마트 팜 운영 효과 조사 결과에 따르면 생산량은 평균 25.2% 증가하고, 품질은 12% 높아진 것으로 나타났다. 이에 더해 노동비를 9.5% 절감할 수 있어 결론적으로 농가 소득이 30.6%가량 증가하는 것으로 나타났다. 이는 스마트 팜이 우리 농업의 미래 성장 동력이라는 것을 말해준다.

지난 9월 LG그룹이 새만금 산업단지에 농업과 정보통신기술ICT을 결합한 대규모 스마트 팜 단지를 세우려던 계획을 공식 철회했다. 역량 있는 ICT 기업의 농업 진출 노력이 좌절되면서 또 하나의 기업 농업 실패 사례로 남게 됐다.

해외 상황은 어떨까. 우리와 여건이 비슷한 일본의 농업 동향을 살펴볼 필요가 있다. 도요타의 미야기현 공장에서는 자동차 공장에서 나오는 폐열로 비닐하우스를 데워 파프리카를 재배하고 있고,

일본 3대 시중 은행의 하나인 미쓰이스미토모는 올해 아키타현에 농업법인을 만들어 농사를 짓겠다고 선언했다. 10년 안에 도쿄돔 면적의 210배에 이르는 100ha까지 생산 면적을 넓히기로 했다.

일본의 아베 내각은 농지법 개정, 출자자 요건 완화, 스마트 팜 플랜트의 수출 산업화 등 국가적 차원의 농업 개혁을 통해 농업 경쟁력 향상을 도모하고 있다. 일본의 사례에서 볼 수 있듯이 역량 있는 기업의 농업 진출을 통해 농업의 경쟁력 향상을 도모하고 있지만, 국내에서는 이것이 녹록지 않은 상황이다. 작금의 상황을 타개하기 위해 스마트 팜 수출로 눈을 돌려보는 것은 어떨까.

일본 도쿄 인근의 스마트 팜 회사인 미라이는 올 3월 러시아에 양상추, 바질, 고수 등을 생산할 수 있는 1500m^2 규모의 스마트 팜 플랜트 1개 동을 완공해 약 61억 원에 수출했다. 아베 총리는 스마트 팜 플랜트의 수출 산업화를 추진하고 있다. 지난 8월 바레인, 카타르를 방문해 일본 기업에 스마트 팜 수출을 독려했다고 한다. 일본이 국가적 차원에서 스마트 팜 수출에 드라이브를 거는 이유는 중동, 아프리카 등과 같이 척박한 환경을 가진 국가들에 스마트 팜을 수출할 경우 사후 관리 등을 통해 지속 가능한 수익 창출을 할 수 있기 때문일 것이다.

9월 무역협회 국제무역연구원에서 발간한 '세계 수출 시장에서 우리나라 주력 품목의 경쟁력 국제 비교' 보고서에 따르면, 지난해 세계 시장에서 우리나라 13대 수출 품목이 차지한 비중은 평균 5.3%로, 2011년 5.7%보다 0.4% 포인트 하락했다고 한다. ICT 부문의 수출은 2010년 1,539억 달러, 2011년 1,566억 달러, 2012년 1,552억 달러, 2013년 1,694억 달러, 2014년 1739억 달러, 2015년 1,729억 달러로 보합세를 유지하고 있다.

스마트 팜 산업 육성을 통한 스마트 팜 플랜트의 수출 산업화가 수출 활력 제고의 마중물이 될 수 있지 않을까. 스마트 팜 플랜트는 온실 설계, 제반 장비 등의 하드웨어와 ICT 등 소프트웨어가 총체적으로 융합돼야 한다. 스마트 팜 플랜트 부문은 글로벌 경쟁력을 충분히 갖추고 있다고 생각한다.

신선 농산물과 제조 식품 등의 수출 진흥도 중요하지만 플랜트 수출은 한 번에 수십억 원 규모의 수출이 가능하기 때문에 수출 및 국민 경제에 기여도가 클 것이다. 농업 관련 수출과 관련해 한국농수산식품유통공사aT와 NH무역 등에서 시행하는 신선 농식품 중심의 수출과는 차별화되는 스마트 팜 플랜트 산업 육성을 통해 우리 농업의 경쟁력 향상은 물론 수출이 활성화될 수 있기를 기대해본다.

한국경제, 2016. 12. 06.

15
미국 트럼프 대통령 취임과 통상 정책

이념보다 실리를 추구하고 미국 우선주의를 내세우는 트럼프 미국 대통령 당선인이 지난 1월 20일 대통령에 취임했다. 선거 유세에서 북미자유무역협정NAFTA 폐지와 재협상, 환태평양경제동반자협정TPP 폐기를 주장해 왔던 그는 강경한 보호무역주의자이자 투자가인 윌버 로스를 상무장관에 임명했다.

그리고 신설된 대통령 직속 국가무역위원회NTC 위원장 겸 대통령 보좌관에 중국 무역 관행을 빈번하게 비판해 왔던 캘리포니아대학 피터 나바로 교수를 임명했다. 이 두 사람은 "한미 FTA로 미국의 일자리가 7만 5천 개가 사라졌다"고 주장하기도 했다.

지난해 12월 21일 정권 인수 위원회 발표에 의하면, 백악관 내에 설치되는 동 위원회는 무역 협상에서 혁신적 전략에 관한 대통령 조언과, 미국 제조업 능력 평가를 둘러싼 타 기관과 연대, 제조업에 있어 새로운 고용 기회 촉진이라는 역할을 수행한다.

나바로 교수는 대통령 보좌관 겸 '통상 산업 정책 디렉터'에 취임한다. 국가무역위원회는 미국 제조업을 활성화하고 해외로 넘어가고 있는 고용을 다시 돌아오게 하고, 무역 적자를 감소시키는 통상 정책을 수립한다.

로스와 나바로 교수는 미국 무역대표부USTR를 지배하게 돼 USTR 권한이 축소된다. 또한 올해 초에는 레이건 행정부 때 무역대표부 부대표를 지냈고 중국 강경파인 로버트 라이시저 변호사를 USTR 대표로 임명했다.

미국에서는 지금까지 USTR이 중심이 돼 무역 협정 협상을 진행하는 한편, 상무부는 반덤핑 관세나 저렴한 수입품 보조금을 둘러싼 조사 등을 담당해 왔다. 하지만 트럼프 구상은 미국에 고용을 늘리고 무역 적자를 줄이기 위해, 통상 정책 입안과 대책에 대한 권한을 백악관과 상무부로 집중하고자 하는 것이다.

그러나 의회와의 관계가 문제다. 의회와 행정부가 맺은 신사협정에 의거해 미국 의회는 무역 협정을 추진하고 협의하는 과정을 대통령에게 위임하고 있다. 무역 정책에 대해 대통령이 어디까지 관여할 수 있는지에 관한 조항은 명확히 규정돼 있지 않기 때문에 미국 대통령은 광범위하게 권한을 행사할 수 있다. 하지만 무역 정책 최종 승인은 의회가 행한다. 이런 의미에서 USTR은 행정부에 소속하고 있지만 의회로부터 통상 협상권한을 위임받은 조직이다.

로스를 중심으로 하는 통상 정책 검토와 나바로와 로버트 라이시저 인선에서 볼 때, 트럼프 정권의 최우선 과제는 중국 무역 적자고, 통상법 301조와 환율 조작국 지정 등을 구사해 중국을 몰아부치고 양국 간 무역 협정을 재검토해 수정하고자 하는 것이다.

나바로 교수는 대통령 선거에서 트럼프 진영의 주요 에코노미스트 가운데 1명으로, 상무장관으로 내정된 로스와 지난해 9월에 성장 플랜에 관한 리포트를 공동으로 작성했다. 하바드 대학에서 박사학위를 취득한 로스는 오랫동안 계속해서 중국을 비판해 왔으며, 미중 통상 관계에 관한 여러 권의 서적을 집필했다. 트럼프 정권

무역 팀은 레이건 시대 통상법 301조와 슈퍼 301조로 대일 제재를 행한 경험을 중국을 대상으로 발휘하고자 하고 있다. 중국만이 아니라 미국 무역 적자국에 대해서도 같은 공격을 행할 것으로 보인다.

이러한 트럼프 행정부의 강력한 보호 무역정책은 무역 의존도가 높은 우리나라 경제에 치명타를 입힐 것으로 예상된다. 우리나라 국내총생산GDP 대비 무역 비중은 지난해 중국과 일본에 비해 2배가 넘는 약 85%에 이른다. 특히 중국으로 수출한 우리나라 중간재나 부품을 중국에서 가공해 미국으로 수출하는 우리나라 제조업은 타격이 클 것으로 본다.

하지만 중국 수입품에 대한 높은 관세 부과 조치에 따라 미국이 입는 수입 물가 상승에 따른 실질 구매력 저하 즉, 저소득층 미국인의 막대한 피해 등을 감안할 때 트럼프 대통령이 무모한 무역 정책을 실제로 도입할지는 의문이다. 예컨대 미국 대통령 선거에서 트럼프의 승리에 결정적 역할을 한 미국 중서부 지역에서 주로 경작된 대두가 중국으로 약 105억 달러가 수출되고 있음을 주목할 때, 과연 미국이 자국 경제에 타격을 주면서까지, 그리고 무역 보복도 불사하고 일방적인 보호무역 정책을 펼 수 있을지 의문이다.

불확실과 예측 불능으로 대표되는 트럼프 정부 통상 정책 시나리오를 다양하게 상정해 대응할 수 있는 자세를 정부와 기업은 마련해야 한다. 특히 트럼프 정부 출범 초기에는 이 중에서 우리에게 최악인 시나리오를 바탕으로 정부와 업계가 대책을 세워야 한다.

양산시민신문, 2017. 02. 07.

16
교육 서비스 수출 진흥이 왜 필요한가?

우리 대학들은 학령인구의 감소와 재정 악화로 구조조정이 진행 중이다. 2018년 대학 정원은 2013년 대비해 5만 6,800명이 감소했다. 전체 정원의 75%에 해당하는 4만 2,355명의 감축이 지방에서 이루어졌다. 이로 인해 해당 대학은 물론 지역 경제 특히 자영업이 악영향을 받고 있다.

이에 대한 대응 방안으로 대학들은 외국인 유학생 유치에 힘쓰고 있다. 외국인 유학생 유치 노력이 결실을 맺고 유학생들에 대한 관리가 잘 이루어질 경우 대학의 경쟁력 제고, 지역 경제 활성화 및 매년 3~4조 원의 적자를 보이는 교육 서비스 무역 수지 개선에도 기여할 것이다.

빨라진 여름으로 벌써 개장한 해운대 해수욕장. 해운대라는 이름은 12살에 당나라로 유학 간 신라 말기 유학자 최치원 선생의 호인 해운海雲에서 따온 것이다. 서기 837년 당시 한 해에 신라 유학생 216명이 당나라로 갔다고 한다. 정말 유학의 역사는 오래되었다.

우리나라로 입국한 유학생 수가 2004년에 16,832명이었는데, 10년 후인 2014년에는 약 5배인 84,891명으로 비약적으로 늘었다.

2017년에는 12만 3,858명으로 증가했다. 하지만 국내학생 대비 유학생 수의 비율이 OECD 국가의 평균이 8%인데 비해 우리나라는 1.9%에 불과하다. 또한 전체 유학생 중 약 55.1%가 중국 출신이다. 그리고 약 88.7%가 아시아 국가 출신으로, 유학생의 출신 지역이 아주 편중되어 있다. 양적인 성장은 이루었지만, 유학생 출신 국가의 다변화와 같은 질적인 발전도 병행되어야 한다.

유학생 유치는 교육 서비스의 수출이다. 우리 대기업의 제품은 선진국을 포함한 전 세계를 수출 시장으로 하고 있다. 그만큼 국제 경쟁력이 있다는 의미다. 유학생의 약 90%가 아시아 지역 출신이라는 것은 아시아 지역 이외에는 우리 대학 교육 서비스의 수출이 거의 일어나지 않고 있음을 의미한다. 즉 국제 경쟁력이 약하다는 것이다.

이 아시아 출신 유학생은 대부분 한국어 능력을 보유하고 있다. 하지만 유럽, 북미 출신 학생 중 한국어 능력을 보유하고 있는 자들은 드물다. 이들이 영어 강의가 많지 않은 대학으로 유학 오기는 어렵다. 영어 강의가 시행된다 하더라도 학사 행정 서비스가 영어로 이루어지지 않으니 불편할 수밖에 없다. 1학기 교환 학생은 이들 나라에서 많이 오지만, 이는 단기적인 방문객이지 진정한 의미의 유학생은 아니다. 이런 점에 비춰 볼 때 한국어 능력 보유자와 영어 능력 보유자를 대상으로 하는 투 트랙의 유학생 유치 전략이 필요하다. 최근 방탄소년단BTS이 한국어 음반으로 빌보드 1위에 오른 것을 계기로 한국어 능력자의 국내 유학이 늘지 않을까?

저출산 고령화 시대의 인구 감소 문제를 해결하고, 경제 성장을 유지하기 위해 성장 전략의 일환으로 뛰어난 외국인 유학생 유치 전략이 필요하다. 중국인 유학생 대상으로 설문 조사한 결과 학비 부담, 학점 취득, 교우 관계에서 어려움을 느끼고 있으며, '졸업 후 한국에서의 경제 활동(취업)'을 가장 희망하는 것으로 나타났다.

우리가 돈을 주고 제품이나 서비스를 구매하는 것은 자신의 니즈를 충족시키기 위해서이다. 우리 교육 서비스의 구매(유학)를 통해 유학생이 자신의 니즈(한국에서의 경제활동)를 충족시키는 것은 결코 쉽지 않다. 대학도 유학생을 위한 프로그램 개발, 기숙사 제공과 같은 인프라 확충과 최소한의 의료 복지 보장에 노력을 경주하고 있다. 대학의 입장에서 요즘처럼 국내 학생도 취업이 어려운 마당에 유학생 취업까지 어떻게 신경 쓰겠는가? 하지만 대학이 자신의 목적(재정 악화 개선)에서 유학생을 다수 유치하고자 한다면, 유학생이 자신의 목표를 이룰 수 있도록 도와줘야 한다. 하지만 대학의 노력만으로는 유학생의 국내 취업은 한계가 있다. 기업에서도 외국인 유학생의 채용 문화가 확산되어 있지 않은 실정이다. 향후 경제 활동 인구 감소에 대응해 단순 외국인 인력의 수입과 더불어 대학(원)을 졸업한 우수 유학생 인력의 확보와 활용이 보편화되어야 한다.

2017년 일본에 유학 온 외국인 학생 수는 26만 7,042명으로 최근 5년간 약 60% 증가했다. 졸업 후에 일본에 취업한 경우가 약 30%인데, 일본은 50%까지 인상시킨다는 목표를 세웠다. 졸업 후에도 유학 온 나라에서 일하기 좋은 환경을 조성하고 있다. 최근엔 심지어 유학생이 창업하기 쉽도록 체류 자격을 완화하는 방안도 검토 중이다.

이제 우리도 교육 수출 선진국처럼 외국인 유학생에 대한 교육을 산업으로 인식할 필요가 있다. 매년 3~4조 원의 유학수지 적자와 인구 절벽의 시대에 정부(교육부, 산업자원통상부, 법무부, 고용노동부 등), 지자체, 기업 및 대학이 교육 서비스 수출 진흥을 위해 공동으로 노력하는 것이 필요하다.

2018. 06. 08.

17
통상전문대학원 설립 서둘러야

FTA 협정문 번역 오류. 정말 어이없는 일이 얼마 전 발생해 세간이 시끄러웠다. 한·유럽연합EU FTA 비준 동의가 번역 오류로 표류하다 우여곡절 끝에 통과됐다. 번역 오류, 왜 이런 일이 발생할까. 번역 경시 문화가 그 주요 원인의 하나다. 번역은 아무나 할 수 있는 게 아니다.

메이지 유신 이후 일본의 근대화 과정에서 번역이 미친 지대한 역할을 알 수 있는 마루야마 마사오丸山眞男와 가토 슈이치加藤周一의 공저 「번역과 일본의 근대」란 책이 국내에서 11년 전에 번역 출간된 적이 있다. 번역이 얼마나 중요하며 얼마나 철저해야 하는지를 알게 해주는 번역서다. 누군가 주장했듯이, 소수의 그룹에게 전속되거나 사유화된 정보나 지식을 다수의 집단에게 개방하고 공유화시키는 것이 번역의 목적이다. 이 말은 지금도 번역을 하는 나의 이유이기도 하다.

필자는 영국 출판사와 정식 번역 계약을 해 1985년 3월에 첫 출간한 「국제경제사」를 포함해 지금까지 15권의 상경 계열 영서와 일서를 번역 출간한 경험이 있다. 하지만 여전히 번역 자체가 어렵고 번역 환경도 좋지 않다. 200자 원고지 한 장에 4천 원 정도의 형편없는 번역료를 받고 어느 전문가가 번역하려 하겠는가. 또한 번역물은 연구실적으로 인정해 주지도 않는다. 엄청난 시간을 들여 책 1권을 번역한들 논문 1편보다 못한 실적으로 인정받으면 누가 번역을 하겠는가.

한편 대학 평가의 국제화 지표에서 영어 강의 비율이 중시되고 있는 작금의 시대에 영어로만 강의를 진행하는 학과도 여럿 있다. 이 우수한 학생들이 졸업 후 FTA 협정문 번역 같은 업무라도 맡을 경우 정확하게 할 수 있을까. 전문 지식은 물론이고 외국어뿐만이 아니라 우리말도 잘 알아야지, 영어만 잘 한다고 번역을 결코 잘 할 수 없다. 외국인과의 대화나 협상에는 영어가 글로벌 언어지만, 자국인을 이해시키고 자국인이 참고해야 할 협정문의 번역본은 올바른 모국어로 작성돼야 함은 두말할 필요가 없다.

미국이나 EU뿐 아니라 FTA 협정을 체결한 나라와 무역을 하는 대부분의 기업이나 농수산업 종사자 등의 이해관계자가 일일이 협정문을 보지는 않을 것이다. 우리 국민이 참고할 경우 영문본과 한글로 된 협정서 모두를 봐야겠지만 바쁜 사업가들이 모두를 비교하면서 참조하기란 힘들어 한글본을 훨씬 많이 볼 것이다. 이에 신중한 번역의 필요성이 있는 것이다. 번역본이 정본으로서 법률적 효력을 가질 경우 더더욱 그러하다. 두뇌 속에서 영문 용어의 영어적 해석은 바르게 한다 하더라도, 그것을 두뇌 밖으로 우리말이나 글로써 바르게 옮겨 쓰지 못하면, 영문 해석의 정확성과 협상과정의 진정성이 의심받을 수밖에 없다.

FTA 체결이 국내 산업과 경제에 미치는 영향 등의 연구, 그리고 대외적 및 대내적 협상 전략 구축도 중요하다. 그에 못지않게 체결

후 협정문의 올바른 번역은 그간의 결실을 집대성해 국민에게 보여주는 결과물인 만큼 그 이상 중요한 작업이다. FTA 협정문의 번역 오류는 국민에게 경제적 피해를 초래하므로 결코 일어나서는 안 된다.

마지막으로 협정문 번역을 포함해 협상 등을 담당하는 글로벌 통상 전문 인력 양성을 위한 '통상 특성화 전문대학원' 설립을 제안한다. FTA 협정문에 나오는 수많은 규정들 대부분은 경영, 경제, 법학, 행정, 외교 관련 전공 학과에서는 다양하고 깊이 있게 다뤄지는 부분이 아니다. 번역 오류와 같은 시행착오를 겪어가며 통상 전문가를 양성하기에는 국가적 손실이 너무 클 뿐만이 아니라 국제 사회는 그러한 실수를 인정할 만큼 관대하지도 않다. 이에 융 · 복합적이고 학제적인 관점에서 통상 전문가 양성을 위한 전문대학원이나 정부 지원을 받는 특성화 대학원의 설립이 요구된다. 통상이나 무역의 가치 사슬에서 국가의 최첨병 역할을 맡는 인재 양성이 절실하다.

교수신문, 2011. 05. 30.

18

『국제경제사』 역자 서문

본서는 오스트레일리아 University of Queensland 경제학과에서 경제사와 국제무역론을 담당하고 있는 A. G. Kenwood 교수와 A. L. Lougheed 교수가 공저한 *The Growth of International Economy 1820~1960* George Allen & Unwin, 1979을 완역한 것이다.

본서의 성격이나 내용에 대해서는 이 책 자체가 소상히 밝혀주고 있으므로 새삼 소개할 필요가 없지만 약술하면 다음과 같다. 본서는 그의 주제인 국제 경제 성장의 시기始期를 19세기에 두고 있다. 이는 이 시기時期 이후 경제 체제나 정치 조직이 급격한 변동을 겪었을 뿐만 아니라 상품, 자본 및 인구의 이동이 현저하였기 때문이다. 본서는 3부로 구성되어 있다.

제1부에서는 1820~1913년 기간에 국제 경제 관계의 성장에 유리했던 조건들을 분석하며, 동기간에 사람, 상품 및 자본의 국제적 흐름의 특성을 검토함과 동시에 통상 정책과 국제 통화 정책을 논술하고 있다. 또한 경제성장의 확산을 위한 메커니즘으로서 국제 경제를 고찰하는 장과 국제 경제 체제의 성장과 관련된 경제 추세와 경제변동의 본질을 검토·분석하는 장을 포함하고 있다. 제2부에서

는 양 대전 간에 일어났던 국제 경제의 붕괴를 논술하고 있으며, 또한 제1차 세계대전과 1930년대의 공황이 낳은 체제의 구조와 기능의 변천에서 국제 경제가 붕괴한 원인을 추적하고 있다. 제3부에서는 제2차 세계대전 이후의 국제경제를 그 대상으로 하고 있다. 여기서는 국제경제 체제를 재건하려는 전시 및 전후의 노력과 1945년 이후 등장한 새로운 체제의 기능을 다루고 있다.

선진국을 주축으로 한 종래의 서술에서 벗어나 개발도상국의 문제를 많이 다루고 있음이 본서의 큰 특징이라 하겠다.

역사연구는 창조적으로 사고하고 사실史實을 체계화하며, 의미 있는 개념을 발견하는 일이다. 역사의 연구는 우리들이 사는 세계에 대해서 무엇인가를 알려주기 때문에만 중요한 것이 아니고 우리들이 사고하는 능력을 발전시키는 데 기여하기 때문에도 중요하다.

역자도 무역사(국제경제사) 분야의 영서 내지 일서를 여러 권 읽기도 했지만 본서만큼 연대별chronological, 지리별geographical 및 문제별topical로 폭넓게 다룬 책은 별로 없었던 것 같다. 그렇다고 해서 본서가 무역사(국제경제사)에 관한 모든 문제를 다 다루고 있다거나 가장 심층적으로 다루고 있다는 말이 아니다. 무역학이나 경제학을 전공하는 대학생들 그리고 이 분야에 관심이 있는 이들이 관련 전공 서적을 읽는 데 조금이나마 도움이 되리라는 마음에서 본서를 번역 · 출간하게 되었다. 작업을 하면서 번역이 어렵다는 것을 통감하였다. 번역 과정에서 오류가 적지 않으리라 생각된다. 이는 역자의 학식이 워낙 천학비재한 탓일 것이다. 이러한 오류는 선학은 물론 후학 제현의 질책으로 다듬어질 것으로 믿는다.

끝으로 본 역서가 출간되기까지에는 많은 분들로부터 힘입은 바가 컸다. 영어학을 전공하시는 부친께서는 번역 작업에 있어 많은 조언을 해주셨으며 모친께서는 항상 사랑으로 보살펴 주셨으며 내자는 원고 교정 및 수정 작업 등을 하는 데 성원을 아끼지 않았다. 또한 역자가 성장하기까지 지도 편달을 아끼지 않으셨던 성균관대학교 무역학과 은사님께 진심으로 감사드린다. 원고 정리 등의 작업을 도와준 부산수산대학 무역학과 학생들의 노고에 사의를 표하는 바이다. 아울러 우리나라가 국제저작권협약에 가입하지 않은 실정이지만 Berne 조약의 정신을 살려 정식으로 계약 번역하는 데 협조해 준 형설출판사와 George Allen & Unwin Ltd.에 대해 진심으로 감사한다.

형설출판사, 1985. 03. 01.

19
『대공황의 세계』 역자 서문

최근 국제통화기금IMF 체제 이후 우리나라 경제가 초유의 빈사 상태에 빠져들면서 경제 공황으로 치닫는 양상을 보이고 있다. 올해 7월 재정경제부와 한국은행의 발표에 따르면, 지난 1/4분기 중 GDP 성장률이 마이너스 3.8%를 기록한 데 이어 2/4분기에는 마이너스 4%대로 더 떨어져, 올 상반기 중 경제 성장률은 마이너스 4%를 다소 밑돌 전망이다. 이에 따라 올해 상반기 GDP 기준 경제 성장률은 지난 60년 경제 성장률 공식 통계 작성 이후 38년 만에 최저치로 추락할 것이 확실시되고 있다. 또 고금리와 긴축 정책의 여파로 경기 침체와 수출 부진 등이 겹치면서 투자의 선행 지표인 자본스톡 조정 압력이 사상 최악의 수준으로 떨어졌다. 이에 따라 지난해 1/4분기부터 6분기나 계속 감소해 온 설비 투자가 앞으로도 상당 기간 감소세를 지속할 것으로 전망돼, 이를 방치할 경우 생산 기반의 붕괴로 인한 경제 회복의 심각한 차질이 우려되고 있다.

이처럼 경제 위기가 본격화되면서 현재의 위기를 세계 자본주의 운동이라는 거시적 관점에서 분석하는 노력들이 국내외에서 가시화되고 있다. 즉 현 상황은 단기적 위기가 아니라 세계적으로 전개되고 있는 구조적 공황이라고 보고 있다.

이 책은 1929년에 시작한 세계 공황을 풍부한 역사적 사실에 입각하여, 실증적으로 분석할 뿐 아니라 그것의 원인과 귀결을 해명하고 있다. 14개 장으로 구성된 본서의 내용을 약술하면 다음과 같다. 1장은 개요를 보여 주고 있다. 2장은 제1차 대전에서 1926년경까지의 회복 과정, 전채戰債, 배상, 환율 안정 등을 집중적으로 논하고 있다. 3장은 중앙은행 간 협력의 난항, 국제 자본 시장, 뉴욕 주가의 등귀 등을 집중적으로 논하고 있다. 4장은 1925년부터 28년에 걸친 식량과 원료의 상황을 고찰한다. 5장은 제목 그대로 주식 시장의 붕괴를 논술한다. 1930년부터 33년까지 각 년마다 별개의 장을 두고 "깊은 수렁으로의 전락"(6장), "1931년"(7장), "디플레이션의 격화"(8장), "세계경제회의"(9장)를 논한다. 10장은 1934년과 1935년의 경제 상황을 논한다. 11장은 1936년을, 12장은 1937년 및 그 해의 경기 후퇴를 논한다. 13장은 최종 기期인 1938년과 1939년을 대상으로 하고 있다. 마지막 장은 1929년 불황에 관한 한 가지 설명이라는 제목 하에서 이상의 분석 결과를 총괄하고 있다.

국제경제학 분야의 세계적인 권위자인 찰스 P. 킨들버거는 우리나라에서도 동 분야 학자나 전문가에게 잘 알려져 있다. 역자는 1977년 대학 3학년 1학기 때 정병수 교수님 담당의 국제무역론 강좌에서 킨들버거 교수의 저서인 *International Economics*(1973년, 5판)를 공부하면서 그의 책을 처음 접하였다. 1950년에 처음 발간된 *The Dollar Shortage* Wiley를 포함하여 20여 권의 저서를 발행한 킨들버거의 학풍은 실증적이고 분석적이다. 특히 역사적 사실에서 인과 관계를 찾아 세계 경제의 현실을 해명한다는 점에 특색이 있다 하겠다. 이 책도 그의 학풍을 반영하면서 1929년에 시작된 세계 공황을 심도 있게 구명하고 있다.

한편 킨들버거의 문체는 타 구미 경제학자에 비해 매우 개성적이라 학부 학생으로서는 원서 강독에 어려움이 따를지 모른다. 전국 대학의 경제학과 및 무역학과 2학년 혹은 3학년 과정에 개설되어 있는 경제사, 국제경제사 및 무역사 과목에서 대공황의 문제가 다루어지고 있다. 역자도 부경대학교로 새로 태어나기 전의 부산수산대 무역학과에서 10년 이상 무역사 과목을 담당하였다. 본 과정에서 중시되어야 할 대공황에 대한 명쾌하고 탁월한 분석서가 국내에서 발행되지 않은 실정이라, 동 분야의 연구에 어려움이 많았다.

이 책의 저자 킨들버거는 대공황을 세계 경제의 리더십 결여에서 야기된 범세계적인 사태로 보고 있다. 킨들버거에 따르면, 제1차 세계대전 이전에는 영국이 리더십을 발휘하였다. 영국은 자신의 시장을 개방적으로 유지함으로써 세계 무역을 육성시켰으며, 해외 투자를 행함으로써 확대를 촉진하였고, 나아가 긴급 대여로써 금융 위기를 막았다. 제2차 세계대전 이후에야 미국이 이 역할을 맡았다. 그러나 1 · 2차 세계대전 사이의 기간에는 어떠한 나라도 그렇게 하지 않았다. 그래서 대공황이 일어났다고 킨들버거는 주장하고 있다. 어떠한 나라도 금융 위기를 중지시키기 위해 충분한 조치를 취하지도 않았으며, 모든 공업국들은 수입을 줄이기 위해 보호무역 수단을 강구하였다. 예컨대, 1930년에 미국의 후버 대통령은 과세 품목에 대한 관세율을 52%만큼 인상시키는 스무트-홀리 관세를 승인하였다. 무역을 발전시켰어야만 했던 시기에 보호무역주의가 세계 무역의 성장을 더욱 가로막았던 것이다. 뿐만 아니라 많은 나라가 수입 감소와 수출 증대를 위해 경쟁적으로 평가 절하를 단행하였다.

한편 지난해 7월 태국의 바트화 폭락과 함께 시작된 동아시아 통화 위기가 세계 대공황으로 번질 수 있다는 우려감이 확산되고 있다. 1930년대의 대공황을 유발했던 주요 요인이었던 생산 과잉,

통화 절하 경쟁 및 보호무역주의의 대두 등을 요즘의 세계 경제에서 찾을 수 있기 때문이다. 미국을 제외하고 전 세계 소비 수요는 정체 내지 위축되고 있다. 범세계적으로 공급 과잉에 시달리고 있는 셈이다. 중국은 생산 설비의 30%가 과잉 설비이며, 한국은 자동차, 전자, 석유화학 부문의 과잉 투자가 문제되고 있다. 태국도 수요를 초과하는 자동차 부문과 부동산 가격 하락으로 고생하고 있으며 홍콩과 싱가포르도 부동산 가격이 급락했다. 과잉 생산과 자산 가격 급락은 유동성 격감 및 상품 가격 급락→주식 폭락→금융권 부실채권 급증→실업 양산→생산 설비 파괴 등 파국으로 이어지게 된다. 실제로 아시아 국가의 섬유, 반도체, 의류, 자동차 등의 평균 수출 가격은 올해 대폭 하락하였으며, 한국산 전자 제품은 최고 40%까지 떨어졌다.

또한 태국에서 시작된 동아시아 통화절하는 인도네시아, 필리핀, 말레이시아, 한국, 인도, 일본 등으로 확산되었다. 최근 일본 엔화 가치가 자유 낙하free drop 하면서 세계 교역 질서를 뒤흔들고 있다(1998년 6월 중순의 엔-달러 환율은 144엔대를 오르내리고 있는데, 이는 90년 8월 이후 최고치이다). 이는 경쟁 상대국보다 상품 · 서비스의 값을 조금이라도 낮게 유지하기 위해 세계 각국이 자국 통화의 가치를 경쟁적으로 깎아내리는 압력으로 작용하고 있다. 통화 위기가 금융 위기로 이어지면서 러시아와 남미의 브라질, 아르헨티나 등도 혼란의 와중에 휩싸이고 있으며, 프랑스와 영국, 폴란드 등 유럽 국가도 아시아 국가의 투자 중단으로 어려움에 처해 있다. 더구나 수요 급감 속에서도 경기 부양책 대신 금본위제 유지를 위한 가격 안정책을 썼던 1930년대와 유사한 정책 실패도 보이고 있다. 단일 통화라는 목표를 위한 재정 적자 삭감 일변도의 EU와 일본의 소비세 인상 등의 정책이 바로 대표적인 사례이다. 또한 브라질과 아르헨티나가 최근 일부 품목에 대해 수입 관세를 올리고 미국 행정부가 밀어붙이던 신속 협상권fast track이 의회의 반대로 무산된 것은 1930년대처럼 보호무역주의가 대두되고 있음을 의미한다. 이밖에 IMF가 구제 금융을 해 주면서 초긴축을 요구하는바, 이는 디플레이션의 위기를 가중시키고 있다는 비판도 제기되고 있다.

하지만 이러한 대공황은 일어나지 않을 것으로 보는 견해도 만만치 않다. 노벨 경제학상 수상자로 통화 정책을 중시하는 시카고 학파의 대부 밀턴 프리드먼(스탠퍼드 대 후버연구소) 석좌교수는 미국 경제지인 『포브스』(1997년 12월 29일 자)에서 금융위기가 점진적인 디플레이션을 야기할 수 있으나 1930년대와 같은 극심한 경기 침체depression는 없을 것이라며 통화 정책이 가장 중요하다고 강조하기도 했다.

전술하였듯이, 킨들버거는 세계 공황이 장기화되고 심각하였던 이유를 영국이 국제 경제 시스템의 보증인으로서의 역할을 계속 수행할 능력을 상실하였다는 사실과, 경제적 우위에 있던 미국이 그러한 역할을 인수할 의사가 없었다는 사실에서 찾고 있다. 세계 곳곳의 경제 블록화 및 내년의 단일 통화 출범을 통한 EU의 강력한 출현 등으로 대표되는 오늘의 경제 상황은 이와 유사하다 하겠다. 경제적으로 강력한 나라가 지도적인 역할을 수행하지 않으면, 세계 경제는 통일성과 안정성을 잃고 혼란에 빠진다는 것을 1930년대 세계 경제의 역사적 사실이 분명히 하고 있다. 1930년대 세계 경제에 관한 이해는 통합의 구심력을 상실하고 있는 현대 세계 경제의 난관을 인지하고, 그것을 극복하는 올바른 방책을 제시해 줄 것이다.

1930년대의 경기 침체와 그 제반 조건을 검토해 보면서 "역사는 되풀이된다"라는 오랜 공리를 다시 음미해 본다. 역사는 어느 일정한 패턴에 따라 움직이므로 미래의 일도 충분히 예측할 수 있다고 한다. 시시각각 다가오는 경제 위기의 충격을 최소화하기 위하여, 개인 및 국가로서 우리가 해야 할 일을 추구하는 데 이 책이 일조가 되기를 바란다.

끝으로 그동안 격려와 조언을 아끼지 아니하신 동료 교수들께 심심한 사의를 표하며, 1983년 성균관대 박사 과정 재학 시 이 책을 역자가 접하도록 해주신 무역학과 은사이신 정병수 교수님께 감사드린다. 그리고 영국 유학을 마치고 귀국한 뒤, 1년간 매주 일요일 원서를 함께 읽으며 일부 번역에 참여했던 내자內子 김은주의 노고에 사의를 표한다. 또한 대공황의 탓도 아닌데, 입학 후 8년이 지나도록 꿈을 찾느라, 여태 졸업을 못한 상태에서, 이 책의 교정 작업에 수고를 아끼지 않은 박재혁 군에게 고마움을 표한다. 번역을 93년 가을에 완료하였음에도 5년 후에야 출간할 수 있게 되어 그나마 기쁘다. 당시 접촉한 모든 출판사들은 이 책의 제목부터 탐탁해하지 않았다. 당시 우리 경제가 "잘 나가고" 있는 것처럼 보였기 때문인지도 모르겠다. 마지막으로 지금은 잘 나가지도 않는 대공황 같은 출판업계의 사정에도 불구하고, 이 책을 꼼꼼하게 만들어 출판해 주신 도서출판 부키의 여러분께 깊은 감사를 드린다.

도서출판 부키, 1998. 08. 25.

20
파리기후변화협정과 석탄화력

지속 가능한 발전은 경제적 목적을 첫째로 추구해왔던 종래의 경제 활동 및 기업 경영의 방식에서, 환경과 자연을 보전하면서 경제 활동을 행한다고 하는 패러다임의 전환을 의미하고 있다. 이러한 패러다임의 전환은 환경 배려를 새롭게 감안하여 기존의 제도 혹은 시스템을 변혁하는 것이다.

즉 지속 가능한 발전 원칙은 생태적, 환경적 가치와 경제적 가치를 통합하여 조정함으로써 과도한 개발을 막고, 기후 안정화와 인류의 장기적인 성장 및 번영을 추구하는 것을 목적으로 한다. 국제 사회에서는 기후 안정화와 관련된 지속 가능한 발전의 개념을 구체화하고 명확하게 하기 위해 많은 노력을 기울여 왔다.

2015년 12월 12일 신기후 체제 합의문인 "파리기후변화협정"이 채택되었다. 당시 회의 주최자 프랑스의 외무장관 로랑 파비우스는 "야심차고 균형 잡힌" 이 계획은 지구온난화에 있어서 "역사적 전환점"이라고 하였다.

이 파리협정은 지구 평균온도 상승 폭을 산업화 이전 대비 2℃ 이하로 유지하고, 더 나아가 온도 상승 폭을 1.5℃ 이하로 제한하기 위해 함께 노력하기 위한 국제적인 약속이다. 각국은 온실가스 감축 목표를 스스로 정해 국제 사회에 약속하고 이 목표를 실천해야 하며, 국제 사회는 그 이행에 대해서 공동으로 검증하게 된다. 파리협정은 2016년 제23차 기후 변화 COP에서 195개국의 만장일치로 채택되었다. 2017년 6월 미국의 탈퇴 선언에도 불구하고, 여전히 세계 탄소 배출의 87%에 달하는 200여 개 국가가 협정을 이행중이다.

신기후 변화 체제는 한국의 에너지 정책에 대한 국제적 제약 요인으로 작용할 수 있으나, 향후 녹색산업 및 청정기술개발 등 새로운 기술과 사업, 시장 및 일자리 창출과 같은 경제 성장의 동력으로 작용하는 긍정적 효과가 있다. 우리는 파리협정에 따른 신기후 변화 체제 형성이라는 국제 사회의 흐름을 주시하면서 국내적 · 국제적 차원의 준비가 필요하다.

에너지 정책에서 고려해야 할 점은 환경 문제와 함께 에너지 가격의 경제성과 에너지 안보 문제이다. 석탄 에너지는 대기오염, 미세먼지, 온실가스 및 지구 온난화의 주요 원인으로 지적되고 있다. 하지만 석탄을 대체하는 전원을 이용하면, 에너지 가격의 상승은 피할 수 없으며, 국민 생활에는 크나 큰 영향이 발생하게 된다.

세계 발전량의 40% 이상은 석탄 화력에 의한 것이다. 이유는 석탄 생산지가 분산되어 있어 공급 안정성이 우수하며 가격 경쟁력이 있기 때문이다. 세계 1위의 발전 대국인 중국에서는 약 6조 킬로와트의 73%가 석탄 화력에 의한 것이다. 중국의 발전 설비 용량은 일본의 약 8배로, 16억 5천만 킬로와트인데, 그중 석탄 화력 발전 설비가 약 6할을 차지한다. 중국은 대기 오염 문제도 있어, 석탄 화력 신설을 억제하고 있지만, 빈곤층을 포함하는 개도국에서는 전기 요금 억제를 위해 석탄 화력에 의존할 수밖에 없는 면이 있다. 약 6억 4천만 명의 인구를 지닌 경제권인 ASEAN의 전력 공급량의 약

30%는 석탄 화력에 의존하고 있다.

한국은 에너지의 대부분을 화석 연료에 의존하고 있다. 2014년을 기준으로 한국의 주요 에너지원 구성비를 살펴보면, 석탄 29.9%, 석유 37.1%, 천연가스 16.9%, 수력 0.6%, 원자력 11.7%로 나타나, 화석 연료의 비율이 매우 높다. 최근 우리나라의 석탄화력 발전 정책은 화력 발전의 지원을 감축하려는 국제적 추세에 반하는 정책으로 지목되어 비판받고 있기도 하다. 국내외 온실가스 배출을 감축하기 위해 점진적으로 화석연료와 관련된 직간접적 보조금을 감축하는 방향의 정책 수립을 할 필요가 있다.

기후변화 대응은 출퇴근 시 교통수단을 자동차 대신 자전거로 대체하는 것과 같이 생활 속에서 소소한 변화를 주는 방식으로도 가능하지만, 기본적으로는 에너지 산업 구조를 전반적으로 개편하는 것이 필요하다. 신기후변화 체제에 맞추어 석탄 에너지에서 청정에너지로 전환하고 이를 유지하기 위한 시장 환경, 정책, 규칙을 마련해야 하며, 전기자동차, 스마트그리드와 같은 에너지 관련 기술을 활용하는 데 집중해야 한다.

그리고 파리협정의 발효에 대비하여 전력업체는 사전에 환경 경영을 더욱 적극적으로 도입해야 한다. 온실가스 감축을 포함한 지속 가능한 발전을 실현하기 위해 전력 사업 활동을 행하면서 환경 부하를 삭감하는 활동의 프로세스가 요구된다. 지속 가능성의 달성을 향한 환경 가치와 사업 활동에 의한 경제 가치의 추구를 동시에 추구해야 한다. 온실가스 감축이라는 지속 가능성의 개념을 항상 염두에 두어야 한다.

경남대학보, 2018. 03. 07 / 경남대 학술연구교수 김은주.

III

일반

01~22

sea

01
수고하십시오

"수고하십시오."

레포트를 제출하러 왔거나 다른 일로 연구실에 왔다가 나가는 학생들의 대다수가 "수고하십시오."라는 말을 하면서 나가곤 한다. 그럴 때마다 나는 책상에 잠시 멍하니 앉아 있는다. 그것은 그 학생이 제출한 레포트의 내용이 엉망이라서가 아니라 과연 "수고하십시오."라는 말이 선생과 학생 간의 대화에 있어서 적합한 어구인지에 대해 의구심이 발동하기 때문이다.

"수고하십시오."라는 어구는 급부와 반대급부를 행하는 불특정인들 끼리의 대화에 있어서는 분명히 적절한 맺음말이 될 수 있다고 생각한다. 버스에 승차한 어린애가 여의치 못해 앞문으로 내리면서 운전기사에게 "수고하십시오."라는 말을 하면서 내릴 때는 아무런 이상한 느낌이 들지 않을 뿐 아니라 오히려 아주 유쾌한 장면을 잠시나마 보는 듯한 인상을 받는다. 그런 똑같은 말을 나에게 학생이 하고 나갔는데 나의 경우는 왜 그렇지 못할까.

1년에 한 번 정도 만나는 친구들 사이에 "오랜만이다."라는 말은 누구라도 쉽게 하고 있다. 그러나 연말연시에 부모님을 뵙고 "오랜만입니다."라는 어구는 별로 사용하지 않을 것이다. "수고하십시오."도 마찬가지이다. 부모님과 세상 돌아가는 이야기를 나누고 나서 자기 방으로 건너가기 전에 "아버님 어머님, 그럼 수고하십시오."라는 말을 하는 사람이 있다면, 그는 올바른 정신 상태를 소유한 것이 결코 아닐 것이다.

그렇다. 어떻게 선생과 학생 사이에 "수고하십시오."라는 말이 적합하겠는가. "이만 나가겠습니다." 혹은 "다음에 또 오겠습니다." 등과 같은 좋은 말들이 있음에도 왜 유독 대다수 학생들은 "수고하십시오."라는 말을 "던지고" 나갈까. 이는 사회가 더욱 산업화함에 따라 대화에 있어서 단어 혹은 어구의 적합성에 대해 생각하는 시간이 줄어든 탓이 아닐까. 대화하는 당사자 간에 어느 정도 인간적인 관계가 성립되어 있는 경우에는 말을 하더라도 더욱더 신중을 기해야 할 것이다.

말은 일종의 중요한 교통기관이다. 말은 로고스의 길이며 불이나 도구와 더불어 인간이 만든 아주 중요한 발명품이다. 말은 인간에게 사상을 전달하는 수단, 즉 교통기관의 하나라고 생각할 수 있다. 대화는 일종의 교통이다. 교통은 이동 행위를 행하는 주체에 의지가 포함되어야 한다. 한쪽이 상대편에게 행한 말에 분명히 당사자의 의지가 포함되어야만 대화라고 볼 수 있다.

그렇지 않고 아무 생각 없이 "수고하십시오."라는 말을 내뱉었다고 하면 이는 자신의 의지와는 관계없이 나오는 하품소리나 재채기소리와 무슨 별다른 차이가 있을까.

말씨를 깍듯이 정중하게 한다 하더라도 전달 과정에 있는 어구가 적절치 못하다면 이는 분명 예의에 벗어나는 행위이다. 언어를 통한 대화에 의해서 잡단에서의 귀속 의식과 집단에서의 동료 의식을 갖게 된다. 하지만 "수고하십시오."라는 어구는 비인간적인, 비인정적인 혹은 용건적인 그러나 너무나 보편화된 말이다.

이런 점에서 볼 때 "수고하십시오."라는 어구는 사제지간의 경우에 적합지 않은 것으로 인식하는 나의 생각이 결코 지나친 것만은 아닐 것이다.

수대학보, 1986. 09. 03.

02
국제도시 부산과 토플시험

지난 3월 인천 국제공항이 새로 개항한 이래, 외국으로 나가려는 우리 부산 시민들은 많은 불편을 겪고 있다. '국제도시' 부산의 시민이 이러한 외국 방문에 불편을 겪고 있다는 것은 정말 창피한 일이 아닐 수 없다. 물론 이번 6월부터 부산과 인천국제공항 간에 직항편이 하루 4편으로 늘어난다니, 부산의 해외 여행객들이 환승하는 불편은 다소 해소될 것으로 보인다.

외국에 나가려면 대체로 비행기를 탈 수밖에 없듯이, 우리 부산의 학생들이 영미권 대학에 공부하러 가기 위해서는 대부분 토플시험을 쳐야만 한다. 그런데 1회 시험 비용이 대략 12만~13만 원 정도 하는 이 토플시험을 부산에서는 칠 수가 없다. 서울과 대구에서만 이 시험을 칠 수 있다. 한마디로 부산의 학생이 토플시험을 치려면, 그래도 시간과 교통비가 적게 드는 대구에 가지 않으면 안 된다.

도대체 왜 이렇게 되었는가? 20여 년 전만 해도 과거 미국 공보원 등에서 토플시험을 칠 수 있었다. 이 시험을 쳤거나 치려는 우리 부산의 학생이나 시민들이 시험을 치러 대구에 갈 때, 이 부산을 국제도시라고 생각하겠는가?

지난 5월 23일 국제도시 부산의 위용을 드러내고 있는 부산전시컨벤션센터BEXCO의 준공식을 TV를 통해 보면서 토플 시험을 칠 수 있는 공간이 그 곳에 마련되었으면 하는 생각을 했다.

1998년 5월 당시 부산시장 선거 후보였던 현재의 안상영 시장은 '21세기를 지향하는 부산 재창조'를 도시 발전의 장기 비전으로 전제하고 이를 위한 '3대 도시 발전 목표'로 해양도시, 정보도시, 국제도시 건설을 주창했다. 그동안 부산이 국제도시로 발전하기 위해 여러 가지로 노력하고 있는 것은 사실이다. 물류의 국제 거점화를 위한 가덕 신항만 조기 개항, 김해 국제공항의 확장 노력, 내년 부산 아시안게임 개최, 부산선물거래소 개장, 부산전시컨벤션센터 준공 등이 눈에 띄는 굵직굵직한 노력이다.

부산을 더욱더 국제도시로 만들어 나갈 인재는 다름 아닌 우리 부산의 젊은이들이다. 이들이 부산에서 토플시험을 못 치는 사실을 경험하면 미래의 국제도시 부산 만들기에 누가 동참할 것인가? 그들은 분명 이 도시를 떠나려 할 것이다.

눈에 띄는 대형적인 국제화 사업도 좋지만, 부산 젊은이의 글로벌한 꿈을 부산에 묶어 둘 수 있도록, 사소하게 보이겠지만, 이런 토플시험을 부산에서 치를 수 있도록 부산시가 앞장서 주길 바란다.

국제신문, 2001. 06. 06.

03
레만호에서의 사흘

레만호. 그들은 지난 4월 14일 스위스 제네바 레만호에 인접한 WTO 본부에 갔다. 그들은 협상가들이었다. 전 세계의 대표들이 관세 인하를 어떤 방식으로 그리고 관세 이외의 다른 무역 장벽을 어떻게 정할 것인지를 협상했다. 사스로 인해 많은 국제회의가 취소되었음에도, 이 회의는 강행됐다. 가급적이면 자국에 유리한 공식이 채택되도록 희망하는 발언을 했다. 우리의 주장을 반영하기 위해 우리 측도 물론 여러 차례 발언했다. 이번 회의의 의장인 스위스인 지라드 씨는 노령임에도 다국어를 써가며 대규모 회의를 잘도 주관했다. 그러한 그의 모습이 부러웠다.

EU의 여성 대표인 갈리나 씨는 30분 이상의 주장을 줄기차게 해댔다. 이태리 사람이 어떻게나 영어를 잘하던지 감탄만 했다. 나는 그녀로부터 약 5m 뒷쪽에 앉아 있었기에 그녀의 현하지변을 더욱 잘 지켜볼 수 있었다. 여러 차례 행한 발언에 미국 측은 EU를 지원하는 발언을 자주 했다. 죽이 잘 맞는다는 생각이 들었다. 그녀는 점심시간에는 남미의 대표들을 모아 놓고 스페인어로 떠들어댔다. 필자의 어렴풋한 스페인어 실력에 비춰 봤을 때, 그녀는 뭔가

자기네 공식을 세일즈 하는 것 같았다(이러한 설득 작업을 세일즈로 표현한다는 것을 이번에 알았다).

여기에 맞서 여러 개도국들이 발언했으나, 돋보이는 나라는 인도였다. 우수한 수학자와 경제학자가 많아서인지 제안한 관세 인하 공식에 많은 개도국이 지지했다. 한편 태국 대표 토마스 씨의 발언은 개도국 대표 중에서도 압권이었다. 그의 발언은 위트와 여유가 넘쳐 정말 지루하고 긴장된 협상 회의에 청량제와 같은 역할을 해주었다. 비록 간단한 농담이라도 자유자재로 말하는 토마스 씨가 같은 동양인임에 마냥 반가웠다. 의장과 모든 협상가들은 토마스의 발언을 즐겼다.

이번에 필자는 수산물을 포함한 임산물 및 공산품(이들을 비농산물이라고 함)의 시장접근 협상 회의 대표단의 자문 위원으로 참석했다. 대학의 수업 시간에 WTO를 자주 언급하다, 직접 본부를 방문해 협상 회의에 참석해 보니 감개가 무량했다. 하지만 협상 회의에 참석한 실무 대표단의 노고를 보면서, 레만호에서 사흘을 결코 감상적으로만 보낼 수가 없었다. 아침 9시에 본부 회의실로 가서, 점심시간을 빼고 오후 6시까지 참석하고 돌아와 평가 모임을 갖고 다시 정리해 본국에 보고하는 우리의 협상가들. 잠깐의 휴식 시간이라도 있었던 6년 전 APEC 회의와는 달리 여기서는 스스로 화장실을 가거나 휴식을 취해야 했다. 시차 극복도 전혀 되지 않은 상태에서 각국 대표의 발언을 빠짐없이 노트하며, 간혹 칠레와 필리핀 등에서 제기하는 질문을 빠트리지 않고 즉시 답변도 하는 우리 측 대표, 그야말로 긴장의 연속이었다.

근래에 국내에서도 협상에 대한 책들이 여러 권 출판되었고, 대학에서도 관련 과목이 많이 개설되었다. 협상은 이론도 중요하지만 실전이 더 중요함을 이번에 느꼈다. 국제 협상은 대화와 논리로 하는 전쟁과 같다. 협상가로 태어나기 위해서는 무엇이 필요할까. 체력, 지력(전문지식), 대화력, 순발력 및 포용력이 아닐까. 물론 더 필요한 자질이 있을 것이다. 우리는 오늘날의 대학 현실에서 그러한 국제 협상가를 키울 수 있을까 하는 회의가 들었다. 어떻게 관세 인하 공식이 결정될까 하는 주제보다는 이 문제가 사흘간의 레만호를 뒤로하고 귀국하는 나의 머리를 더욱더 힘들게 했다. 하지만 제네바와 히드로 공항을 거쳐 인천 공항을 빠져나오면서, 협상에 자주 참석해 온 협상가야말로 자신보다 더 나은 미래의 협상가를 키울 수 있는 주역이지 않느냐 하는 생각을 했다.

성대신문, 2003. 07. 05.

04
성대 무역

오늘날 브랜드의 가치는 정말 높이 평가되고 있다. <성대 무역>도 한때 브랜드와 같았다. 전국 대학의 무역학과에서 교수 채용할 때, 성대에서 무역을 전공한 사람을 항상 최우선시 해왔기 때문에, 성대 무역이 마치 브랜드처럼 작용했다.

13여 년 전에 무역학과가 폐과되고 난 후, 그 자리를 타 대학 무역학과가 차지하고 있다. 무역학과나 국제통상학과를 설치하고 있는 대학이 전국에 약 80개 이상이나 있다. 이들 대학에서 교수를 채용하면서, 과거 성대 무역의 브랜드를 지닌 우수한 인재들이 많지 않음을 아쉬워하고 있다. 아무래도 학부에 무역 전공이 성대에서 사라진 후부터, 성대 무역의 브랜드 가치가 옛날 같지 않기 때문일 것이다.

필자는 1975년에 우리 대학 무역학과에 입학했다. 입학 후 선배들이 가르쳐 준 학과 단합을 위한 노래를 개강 파티나 종강 파티, 야유회에서 틈만 나면 함께 불렀다. "소련서 개발하고. 영국으로... 한국 무역하면 언제나 성균관의 무역과..." 다들 당시엔 그냥 불렀겠지만 돌이켜보면, 한국 경제 부흥에 무역 학도로서 세계로 나가자는 뜻깊은 가사였다. 당시 한국 학생 30명, 재일 교포 학생 1명, 화교 3명이 입학했다. 지금 한창 인기 있는 Y대, K대, E대 등에 개설된 국제학부 입학생의 수준이나 국제화 비율과 비교해도 결코 뒤떨어지지 않을 것이다. 오래 전에 이들 국제학부의 교과 과정을 살펴 본 적이 있다. 구 무역학과에 개설되었던 것들과 유사한 과목들이 상당히 많았다. 국제학부의 기초 모형은 무역학과가 아닐까?

언젠가 부산의 영도에 있는 대학의 모임에서 어느 교수가, 한국 경제 성장은 3H대학이 있었기에 가능했다고 말했다. H대 공대 출신이 열심히 질 좋은 제품을 만들고, 다른 H대 출신이 전 세계로 나가 대학 때 배운 외국어로 그걸 팔고, 자기와 같은 H대 출신이 그 제품을 열심히 배로 실어 날랐기 때문이라고... 그러면서 첨언하길 70년대 이후 수출 주도 경제 성장에 여러 대학의 무역학과도 그 역할을 했는데, 가장 괄목할만한 역할은 성대 무역학과였다는 말에 3H대학 이야기에 동의를 해준 바가 있다. 그랬다. 당시 우리 대학 무역학과의 교수들이 오늘날 이 분야의 주도적인 학회들을 창설해 학회장 직을 연이어 수행할 정도였다. 지금은 없어졌지만 우리나라에서 최초로 무역대학원이 우리 대학에 설치되어 우수한 인재를 많이 배출했다. 아마 지금의 MBA 이상의 인기가 있었던 대학원 과정이었다.

성대 무역학과 출신, 대학원 무역학과 출신 그리고 무역대학원 출신자 중에서 전국의 무역학과 등에서 교수로 재직하고 있는 이들이 약 100명에 가깝다. 2년 전에 대학원 무역학과 설립 30주년 기념 학술 행사에 우리 대학원 무역학과 출신의 수많은 교수들이 경향 각지에서 참석했다. 다들 마치고 난 후, 과거의 성대 무역이 어디로 갔나 하는 아쉬움을 표했다. 시간이 갈수록 <성대 무역>의 브랜드를 지니고 있는 이들의 수는 줄어들 수밖에 없다. 전국의 수많은 무역학과에서는 때가 되면 교수를 채용해야 한다. 이 자리는 성대생들이 얼마든지 갈 수 있는 곳이다.

학부에 학과가 없고, 대학원 전임 교수가 없음에도, 대학원 무역학과에 재학하고 있는 학생 수가 약 100명에 가깝다. 전국의 타 대학 출신자들이 대학원 무역학과 진학 시, <성대 무역>의 브랜드를 찾아 모인다. 그리고 특히 중국 유학생에겐 최고의 무역 전공학과로 인식되고 있다. 1, 2학기 통틀어 작년의 경우 중국 학생 지원자가 80~90명에 이른다. 태국 학생도 유학 와 있을 정도로 일반 대학원에서는 가장 국제성이 높은 학과 중의 하나이다. 중국 유학생에겐 <성대 무역>의 브랜드는 확고한 포지셔닝을 한 셈이다.

기업체 취직을 원하지 연구직이나 교수직을 희망하는 학생들이 많지 않은 것으로 생각되는, 우리 대학에 연계 전공으로 유라시아 지역 경제 문화 연계 전공, 국제통상 연계 전공, 일본학 연계 전공 등이 개설되어 있다. 경상계 전공자뿐만이 아니라 이들 연계 전공자들이 대학원에서 3.5+1.5(학사와 석사를 5년에 마치는 과정) 제도를

이용해 무역을 전공하여, 전국의 대학에 교수로 진출해 <성대 무역>의 브랜드를 복구해 주는 인재들이 나오길 간절히 바란다. 이는 <성대 무역>출신 교수뿐 아니라 <성대 무역> 브랜드를 기억하고 있는 모두의 염원이기도 하다.

2006. 04. 01.

05
Boys, be ambitious!

이 말은 19세기 미국의 식물학자이자 매사추세츠 농과대학 책임자였던 윌리암 클라크가 1876년 일본 삿포로에 설립된 농림학교 초대 교장으로서의 재임 기간 1년을 끝내고 고별 연설을 하면서 남긴 유명한 말이다.

그 후 그의 교육을 받은 많은 학생들은 일본 근대화의 구심점 역할을 하게 되었고, 그의 업적을 기리기 위해 삿포로 농과대학(현재는 홋카이도 대학)에 그의 동상이 세워지게 되었다. 일본의 어린이들은 그 젊은이들이 들었던 이 말을 지금도 배우고 있다고 한다.

올해가 처음 일본을 방문한 지 꼭 20년째가 되는 해이다. 30년 전 대학 시절에 루스 베네딕트의 '국화와 칼', 김소운, 차기벽, 박현채 선생 외 6인의 『현대 일본의 해부』(한길사, 1978)와 수학자인 김용운 선생의 일본 관련 저서 등을 접하면서부터 지금껏 일본 관련 책을 읽는 게 취미가 되어왔다. 물론 고향이 부산이라 어릴 때부터 라디오나 텔레비전으로 자유롭고 쉽게 일본을 접한 탓도 있으리라.

요즘이야 다르지만 일본 문화는 부산항을, 미국 문화는 김포 공항을 통해 들어와 전국에 확산되었다. 20년 전 1986년의 시대를 돌이켜보면, 정치 경제적으로 모두 어렵던 시절이었다. 당시 부산수산대학에 전임강사 2년 차 교수로 재직하고 있었다. 하지만 일본을 방문해보고 싶은 희망은 쉽게 이룰 수 없었다.

우여곡절 끝에 해기사 실습선인 어선을 타기로 했다. 여권(여객)이 아니라 선원수첩을 가지고 선원 자격으로 출국키로 선장과의 합의하에 승선이 허락되었다. 여권은 항시라도 귀국이 가능하고 입국지 어디라도 갈 수 있지만, 선원수첩으로는 비상사태가 아닌 한, 승선한 배로 귀국할 수밖에 없고 입국지에서도 입국 항만의 항역 도시 이외는 벗어 날 수가 없다. 할 수 없이 선원수첩 발급을 위해 영도에 있는 선원 양성소에서 교육을 받았다. 항해의 전 일정(부산-도쿄-마닐라-싱가포르-가오슝-부산; 일명 동지나해역의 50일간 항해)을 완료치 않고 중도 귀국하는 승선자가 발생하면, 선원의 사기저하에 연결되고 선내 조직의 응집력에 절대적인 영향을 미친다. 선원수첩으로 총 50일 간의 항해지만, 이렇게라도 일본에 가보고 싶었다. 물론 배에서 식사도 무료고, 선임도 안 든다는 이점도 있으니...

7월 말에 부산항을 출항해 도쿄항에 며칠 만에 도착했는가? 무려 열흘 걸렸다. 어선이니 가다가 어황이 좋으면, 투망을 해대니 그럴 수밖에. 당시는 유엔 해양법이 발효되기도 전이고 어자원이 풍부해 밤마다 싱싱한 회를 공짜로 배불리 먹을 수는 있었지만, 때가 때인지라 태풍을 피할 수 없어 그야말로 그림의 떡과 다를 바 없었다. 선미와 선수가 마치 널뛰듯 했다. 왜 하필 이때 출항하냐고 물었더니, 강한 해기사를 키우기 위해 일부러 항해 시기를 태풍이 올라오는 무렵으로 잡는다나. 그 뒤 이 기억으로 장동건 주연의 '태풍' 영화도 보게 되었다.

열흘간의 항해 뒤에 상륙을 하고 처음 본 도쿄는 땅 멀미로 인한 어지러움과 흥분 그리고 호기심을 뜨겁게 자극했다. 열흘씩이나 시간을 보내면서 그것도 태풍 속의 뱃멀미로 식음을 전폐하면서까지 도쿄를 찾았지만, 결국엔 잘 왔다는 생각을 했다. 그 후 80여 차례 일본의 여러 지역을 갔는데, 물론 배로도 자주 갔지만 열흘 보다 훨씬 빨리 갈 수 있는 비행기로 많이 갔다.

교수라면 누구나 비슷하듯이 나도 방학이 끝날 무렵이면 뭔가 찜찜해진다. 연구도 그렇고 휴가도 그렇고, 이도 저도 아니게 보낸 방학이 아쉬워서다. 마침 8월 하순에 일본 요코하마에서 개최된 학술대회에 논문을 발표하기로 되어 있었기에, 며칠간 일본 여행도 함께 하기로 했다. 이번엔 첫 방문 20년 기념이란 의미에서 배로 가기로 결정했다. 국내엔 도쿄행 여객선이 없어 우선 오사카 항으로 가기 위해 오전 10시 KTX를 타고 부산으로 내려가 오후 6시 출

항해, 다음날 아침 11시에 오사카 항에 상륙했다. 어디로 갈까? 누구의 책 제목처럼, 이 더위에 삿포로에서 맥주를 마시고 싶었다. 가자 삿포로로. 세이칸 해저 터널도 통과해 보고 싶었다. 여하튼 기차로 그다음 날 아침 7시경에 삿포로 역에 도착했다. 인천 공항에서 삿포로 신치토세 공항으로 해서 가면 몇 시간밖에 걸리지 않는다. 서울 집 문에서 나와 삿포로 역 정문까지 약 48시간 걸렸다. 그래도 20년 전의 경우보다는 1/5 수준. 삿포로 역에서 어딜 갈까 하다, 이른 아침부터 누구 흉내 내려고 맥주 마시기엔 그렇고, 러브레터에 소개된 뒤로 젊은이들에게 유명해진 오타루는 오후에 가기로 했으니, 그럼 역에서 걸어 10분 거리인 홋카이도대학 캠퍼스를 구경하기로 했다. 이른 아침의 홋카이도대학은 옛 제국대학의 명성과 품위를 지니고 있는 고풍의 건물만이 아니라, 우거진 숲과 호수의 그 광대한 캠퍼스는 세계 어느 유수 대학의 캠퍼스에 비해 손색이 없었다. 이른 아침의 새콤한 공기와 청명한 하늘의 캠퍼스 내에서 발걸음은 어느새 클라크 동상 앞에서 머물렀다.

동상 옆의 “Boys, be ambitious!”가 새겨진 거석. 순간 가슴이 떨렸다. 아! 나도 boy였고 야망도 컸는데. 20년 전 처음 일본 왔을 때 칠흑 같은 망망대해에 떠있는 작은 어선의 갑판에 서있는 나를 향해 쏟아지는 별들을 보면서 품었던 꿈.

저녁 7시 20분 삿포로역을 출발해 다음 날 11시 30분 경에 도쿄 우에노역에 도착하는 ‘북두성’ 야간열차에서 창밖의 여명을 바라보며 이런 생각이 떠올랐다. “Boys, be ambitious!” 이 말은 클라크 박사가, 야망보다는 소망이 어울리는 내가 아니라 4일 후 개강하면 만날 나의 성대 학생들에게 전하라고 내게 한 말이 아닌가 하는 생각을 하게 되었다.

학회를 마치고는 요코하마에서 규슈의 하카다까지 기차로 가서 하카다에서 배를 탔다.

부산으로 오는 도중, 대마도 근처에서 창밖의 바다를 향해 마음 속으로 크게 외쳤다.

Boys, be ambitious!

2006. 09. 05.

06
외국어 공부와 글로벌 챌린지

30여 년 전 우리 대학의 입시 과목은 4개였던 것으로 기억된다. 국영수 그리고 선택 1과목이었다. 당시 난 독일어를 선택했다. 가장 자신 있는 과목이었다. 고교 3년 동안 독일어를 참 열심히 재밌게 공부했다. 입학 후 Y교수의 독일어 수업을 들었다. 2학년이 되자 무역학과에 개설된 스페인어 수업을 1년간 수강했다. 3학년 때는 영어영문과에서 19세기 영미소설, 20세기 영미소설 그리고 영작문 등의 과목을 수강했다. 졸업 후 대학원에 입학하자마자 교재를 일본어 서적으로 하는 탓에 일본어를 공부할 수밖에 없었다. 어떻게 보면 글로벌이란 말이 인구에 회자되지도 않던 30년 전이 지금 보다 더 글로벌한 인재를 키우는 교육 환경이지 않았느냐 하는 생각이 든다.

글로벌화에서 영어가 중심이지만 영어가 전부는 아니다. 세계가 물리적으로 시간적으로 더욱 가까워지고 있는 글로벌 시대에 영어는 매우 유용한 필수 언어이다. 하지만 세계가 가까워질수록 다양한 문화의 이해라는 과제에 직면할 수밖에 없다. 어떤 문화냐 하는 것은 어떤 언어를 사용하느냐에 달려 있다고 해도 과언이 아니다.

여기에 제2외국어 공부의 필요성이 있다.

내가 배운 외국어 중에서 지금도 신경 쓰는 것은 영어와 일어 2개이다. 어릴 때부터 외국어를 잘하는 분들이 내게 미친 영향이 지금도 여전히 남아 있다. 내가 10대였을 당시 한글 신문을 보면서 라디오로 일본 NHK 방송을 그리고 TV로는 AFKN 뉴스를 동시에 듣고 계신 가까운 분의 모습이 내겐 아직도 각인되어 있다. 그리고 대학원 시절에는, 일군으로 징병당해 종전하면서 하급 병사임에도 불구하고 영어, 일본어 그리고 중국어 능통자라 만주에서 종전 협정 통역을 맡은 선생님의 지도를 받았으니, 전공뿐만 아니라 외국어 능력 개발에 남보다 훨씬 더 많은 관심을 지닐 수밖에 없었다.

한때 소니 단파 라디오로 외국어 공부에 전념한 바 있다. 단파 라디오로는 전 세계 어떤 방송이라도 청취 가능해 정말 외국어 공부에 더없이 좋았다. 인터넷으로 BBC 등을 들을 수 없을 땐 그야말로 유용했던 기기였다. 내겐 특히 <라디오 도쿄> 방송은 도움이 컸다. 영어라는 언어로써 일본어 교육을 하는 프로에서 2개 언어를 동시에 공부할 수 있었으니 말이다.

요즘은 틈만 나면 CNN이나 BBC와 NHK 방송을 TV로 보거나, 인터넷을 통해 BBC 월드뉴스와 NHK 뉴스를 듣고, 매일 보지도 않고 쌓이기도 하지만 Korea Times를 구독하고 있다. 이 영자 신문은 30년 가까이 봐 왔던 신문이다. 이게 내겐 가장 값싸면서도 알찬 외국어 공부 방식이라고 여긴다. 아마 이 방식은 앞으로도 계속될 것으로 본다. 그나마 지니고 있는 외국어 능력을 정말 유지하기가 힘들다.

우리 학교도 글로벌 챌린지로 무척이나 노력하고 있는 것 같다. 사실 우리 대학의 졸업생이 여러 분야의 지표 중 국제화가 타 대학에 비해 상대적으로 낮게 평가받고 있는 게 사실이다. 하지만 영어에만 의존한 글로벌 챌린지가 아니라 영어+제2외국어에 초점을 맞춘 글로벌 챌린지로 나가길 바란다.

하지만 외국어로 아무리 말을 잘한다 하더라도 수준이 낮은 빈약한 컨텐츠의 대화는 별로이다. 커뮤니케이션의 컨텐츠 개발을 위해서는 대학 시절 인문·자연·사회과학 등의 통섭적인 공부가 필요하다. 따라서 유창한 외국어로 수준 높고 풍부한 컨텐츠로 자신의 아이디어, 의견이나 사상을 상대방의 문화에 맞게 전달할 수 있는 능력을 갖추는 것이 글로벌 챌린지가 아닐까 한다.

성대신문, 2007. 04. 09.

07
여수 엑스포 개최 이후

'살아 있는 바다, 숨 쉬는 연안'이란 주제로 여수 엑스포가 2012년 5월 12일부터 8월 12일까지 전남 여수시 신항 지구에서 열린다. 참으로 멋진 주제다. 해양수산부의 주제 공모 시 필자도 응모했지만 선정된 주제에 나도 감탄했다. 2012 여수 엑스포는 무엇보다 주제가 엑스포를 유치하는 데 결정적 역할을 하지 않았나 하는 생각을 한다.

여수 엑스포는 해양을 주제로 하는 최첨단 박람회가 될 것으로 기대된다. 특히 엑스포 기간 중 기후 변화에 대한 전 세계적인 공동 대응을 결의하는 '2012년 여수 선언'을 채택하고 또 여수 엑스포를 계기로 개발도상국의 해양 관련 문제 해결을 지원하는 '여수 프로젝트'도 추진하기로 돼 있는 만큼 기대가 크다.

우리는 2012 엑스포를 여수에 유치하기 위해 '재수'까지 했다. 지금까지 아시아권에서 세계 3대 이벤트로 불리는 올림픽, 월드컵 축구와 엑스포를 동시에 개최한 나라는 일본과 한국 두 나라에 불과하다. 각국이 이들 행사 유치 경쟁에 뛰어드는 것은 고용 창출 등 경제적 파급 효과가 기대되기 때문이다.

그러나 우리나라는 물론 외국도 이러한 행사를 치른 뒤 철저한 사후 관리를 하지 못해 많은 어려움을 겪고 있는 게 현실이다. 2002년 월드컵 축구를 준비하기 위해 우리나라에서는 전국의 주요 도시에 축구 경기장을 건설했다. 하지만 현재 전국에 산재해 있는 축구장의 모습을 보자. 많은 어려움에 직면해 있다. 현재 어려움을 겪고 있는 지역에서는 6년 전 좀 더 냉철하게 판단했었더라면 문제가 발생되지 않았을 텐데 하는 후회를 하고 있을지도 모른다.

2012 여수 엑스포와 똑같이 국제박람회기구BIE 공인 엑스포로 개최된 대전 엑스포가 치러진 뒤 현재 모습은 어떠한가. 당초에는 엑스포 폐막 후 그 시설과 부지를 첨단 과학 기술 전시와 최첨단 영상을 통한 국민 과학 교육의 장으로 활용한다고 발표했다.

그러나 충분한 준비 기간이 있었음에도 불구하고 엑스포 개최 이후를 대비하지 못해 많은 어려움을 겪었으며 현재는 엑스포 과학 공원으로 운영되고 있다. 또 엑스포가 개최됐던 일부 지역에는 대전컨벤션센터, 대전무역전시장, 아파트 등이 건립되어 있다.

올 5월의 여수 엑스포 인정 신청서 제출이 올 초 정부 조직개편 등으로 인해 어려운 것처럼 보이기도 했다. 하지만 지난달 22일 국회 본회의에서 '2012 여수 세계박람회 지원특별법'이 통과돼 조만간 발족할 엑스포 개최 준비를 위한 조직 위원회를 통해 기한 내 차질 없이 처리될 것으로 본다. 10여 년 전부터 재수를 하면서까지 쟁취한 엑스포인데 어찌 중단될 리 있겠는가. 지혜롭게 해결될 것으로 본다.

향후 설립될 조직 위원회는 박람회 종합 계획과 세부 운영 계획을 수립 · 시행하고, 박람회 직접 관련 시설을 설치 · 운영하는 한편 박람회 참가국 및 BIE와 협력 체제를 유지하는 역할을 맡게 된다. 국토해양부의 보도 자료에 따르면 전시관, 상업 시설, 종사자 숙박 시설, 항만 친수 시설 등 박람회 직접 시설과 교통 시설에 대한 국가의 재정 지원 근거도 마련돼 25ha에 달하는 전시 구역을 포함해 여수 지역의 접근성을 높이기 위한 도로 · 철도 · 공항 등 기반 시설 확충이 본격화될 전망이다.

올림픽 등 일반적인 국제 행사의 준비 기간이 7~10년인 점을 감안할 때 여수 엑스포 개최까지 남은 약 4년은 매우 짧다고 할 수 있다. 하지만 이 4년간 조직 위원회는 개최를 위한 준비뿐 아니라 엑스포 개최 이후를 대비한 계획 수립도 고려해야 한다. 여수 엑스포가 폐막된 뒤 개최 시설과 부지 등을 포함한 인프라의 지속적인 활용을 염두에 두어야 한다. 여수 엑스포의 성공은 개최 자체뿐 아니라 개최 이후에도 달려 있음을 명심해야 한다.

국민일보, 2008. 03. 11.

08
물류 이야기

현대 역사학자 Donald Engels는 그의 저서 *Alexander the Great and Logistics of the Macedonian Army*에서 알렉산더를 '물류 전문가'로 설명하고 있다.

당시 모든 군대 조직은 전투 장비, 보급품의 공급을 위하여 상당히 큰 규모의 보급 부대를 두었으며, 이러한 보급 부대 운용에 투입된 인적 자원이 전투 부대를 초과하거나 이에 상응하는 정도였다. 그러나 알렉산더가 이끄는 마케도니아 군에서는 전쟁 물자 보급을 위한 수레 사용이 엄격히 제한되었으며, 병사들은 자신의 장비와 보급품을 스스로 휴대하도록 훈련받았다.

이에 따라 마케도니아 군은 소규모의 보급 부대를 운용하게 되어 어느 군대보다도 신속한 이동성을 확보하게 되었으며, 이와 함께 전투 시 상당한 수준의 기동성 또한 보유하게 되었다. 달리 말하면 알렉산더는 물류 구조 혁신을 통하여 신속한 이동성과 기동성이라는 자신만의 독특한 무기를 확보하였던 것이다.

이와 같은 전쟁 물자 보급 프로세스의 혁신을 통하여 상대보다 적은 자원의 투입으로 즉, 소수의 병력으로 적군을 위협하거나 제압시킬 수 있었다. 이는 전쟁 물자 보급 프로세스에서 불필요하거나 가치를 창출하지 못하는 활동을 제거하여 최소한의 경영 자원 투입으로 최대의 전투성과를 창출하게 되었던 것이다.

2003년에 이어 올해에도 물류 대란이 발생했다. 이번에도 여러 전문가들이 5년 전에 했던 말들을 반복하고 있다. 그 사이 근본적인 해결책이 제시되지 않았기 때문이다. 물류 서비스와 물류 산업의 구조적 특성과 남북 분단 하의 국제 운송 지리적 체제에 비추어 볼 때 몇 년 뒤에도 유사한 사태가 재발할 가능성이 높다.

한마디로 물류는 선實線: 운송, 點線: 물류정보과 점點: 항만, 공항, 터미널, 역, 물류센터, 창고, ICD 등으로 구성된다. 선에서 일어나는 운송과 물류 정보, 점에서 일어나는 하역, 보관, 유통 가공, 그리고 선과 점에서의 활동을 위한 포장 등이 물류의 6가지 핵심 기능이다.

국제물류도 그 구조는 더 복잡할 뿐 기본은 동일하다. 이 점이 많을수록 선이 많아지며, 선이 많아지면 그 선의 굵기는 가늘어지므로(물류효율 저하), 점을 통합하는 것이 필요하다. 하지만 점이 작아지면 선이 굵어져 물류 효율이 개선될 수 있지만, 그 선에서 문제가 발생하면 불상사가 발생한다. 부산항이라는 점과 연결된 선은 거의 하나라 할 수 있다. 즉 연안 해송이나 철도 운송보다 거의가 도로 운송이다. 이 구조에서 "물류 대란"과 같은 리스크는 항상 도사리고 있음을 알 수 있다. 여하튼 올해의 물류대란으로 우리 국민 대다수가 물류라는 용어와 물류의 중요성을 인식하게 된 것은 분명하다.

한편 올 3월 참치 캔에서 칼날이 발견돼 모든 국민들이 경악한 사건이 있었다. 식품의약품안전청은 제품에서 칼날이 검출된 사건을 조사한 결과 제조 과정에서 칼날이 들어갔을 가능성이 높다고 밝혔다.

사샤 아이센버그는 참치의 글로벌한 여정을 조사한 후 '스시 이코노미'라는 책을 발행했다. 참치 캔의 글로벌 공급사슬이 궁금해 일단 회사 홈페이지에 소개된 수산물 캔의 제조 과정을 살펴봤다. 이에 따르면 그 과정은 이렇다. 어획 → 동결 → 하역 → 계량 → 해동 → 전처리 → 자숙 → 절단 → 캔 담기 → 밀봉 → 가열 처리 → 레이블링 → 보관 → 출고.

22년 전 동중국해에서 약 두 달간 어선에 승선한 적이 있는데, 첫째 단계인 어획은 바다에서 행하는 어선의 조업 행위다. 어획 대상인, 캔에 들어가는 참치는 고급 참치는 아니다. 날개 다랑어와 가다랑어가 주로 통조림용으로 사용된다.

잡힌 참치는 동결 등의 작업을 거쳐 국내의 항만에 들어오기까지 어선의 어창에 장기 보관된다. 항만에서도 입항 후 통관, 하역하는 데 얼마간의 시일이 걸린다. 하역 이후부터 레이블링까지는 공장에서 작업이 이루어진다. 공장에서 레이블링하고 난 뒤에는 물류센터로 이동되거나 유통 경로를 거쳐 슈퍼마켓, 할인 매장, 편의점 등의 소매점에 도달된다. 이 소매점에서 우리 가정의 식품 물류 책임자인 주부가 대체로 구입한 후, 마침내 우리 식탁에 오른다.

저 먼 태평양에서 잡힌 참치는 아주 멀고 많은 경로를 거쳐 식탁에 오른다. 그런 만큼 한마디로 '바다에서 식탁까지' 안전한 물류 관리 혹은 공급사슬관리SCM가 필요하다. 식품업체들은 원가 절감이 아니라 식품 안전을 위한 물류 관리나 SCM이야말로 기업 윤리 혹은 기업이 져야 할 사회적 책임의 첫걸음이다. 식품업체에 관한 한 안전하게 만들어 안심하고 먹을 수 있는 제품을 제공하는 것이야말로 기업의 근본이자 핵심 역량일 것이다.

1996년 1년 간 일본 국제교류기금 펠로우 교수 자격으로 일본 코베에서 코베항에 관한 연구를 수행한 적이 있다. 일본 내에서 외국의 인문사회과학 전공자에게 제공하는 연구지원 기관 중 가장 우수한 단체인 만큼, 체재 기간 중 일본 각지의 문화 행사에 특별 초청받는 기회를 가졌다. 필자는 도자기 생산으로 유명한 도키시의 초청으로 2박 3일간 가마터도 방문하는 등 도자기를 만드는 교육과 체험을 가졌다. 마지막 날 참가자들의 환송회에서 초청자들이 외국인 3명에게 선물을 전달했다. 물론 도자기였다. 받는 순간 이걸 어떻게 코베까지 잘 가져가나 하는 생각이 뇌리에 스쳤다. 그런데 전달 후 얼마 안 지나 다시 돌려 달라는 게 아닌가. 어리둥절했는데, 집으로 택배로 부쳐준다고 했다. 당시 택배에 관해 초보적인 자료가 국내에 일부 소개되었을 뿐, 이용한 적도 별로 없던 나는, '선물의 물류 서비스'를 내가 부담하는 것이 아니라 선물 제공자가 부담하는 것이야말로 매너 있는 '기프트 기빙gift giving'이라는 걸 그 순간 절감했다. 대학의 비즈니스 커뮤니케이션이나 국제협상론 과목에 기프트 기빙의 문제도 약간 다루어지고 있는데, 물류 관점의 기프트 기빙은 전혀 다루어지고 있지 않다.

필자는 1984년에 해운론 강의를 시작으로 여태 운송, 물류 및 SCM 강의와 연구를 하고 있어, 제자 중엔 이 분야 종사자들이 참

많은 편이다. 과거 취업 후 인사 차 연구실에 방문한 제자가 무거운 배 상자 등을 선물로 직접 가지고 오기도 했다. 택배로 보내는 것보다 직접 들고 인사 오는 제자가 더 성의 있고 정감 있다. 한데 이 상자를 내 연구실에서 멀리 주차한 차까지 들고 가야 하지 않는가. 교육이라 생각하고 “야 이걸 내가 차까지 어떻게 들고 가지”라고 슬쩍 말했다. 그럼 어떤 친구는 그냥 웃으면서 넘어가기도 하고, 어떤 친구는 자동차 키를 달라면서 직접 자기가 운반해 이동시키고 오기도 한다. 어떤 친구는 빈손으로 연구실에 와서 교수님이 들고 운반하기에 힘드실까 봐 하는 상황을 설명하면서, 자동차 키를 받아와 자기 차에 실린 상자를 꺼내 내 차에 옮겨 놓고 다시 방문한다. ‘물류 분야에 종사하는 사람들은 물류하면 뭔가 달라도 달라야 하는데’라고 속으로 중얼거리면서 제자들을 마주하며 생각한다.

물류는 서비스다!

제3자 물류, 물류 아웃소싱 등의 용어가 많이 거론되고 있다. 인터넷으로 책을 주문하면 택배로 거의 배달받는다. 배달받는 그 시점에 책 구입자는 그 서점에 대해 나름대로 평가한다. 책의 포장 상태, 배달의 시간, 배달원의 태도, 복장 등에서 서점의 서비스 품질뿐 아니라 책의 품질에 대해서도 평가한다. 그 서점은 택배업체와는 별개의 업체인데도 말이다. 그만큼 이제 물류 서비스는 제품의 품질과 기업의 서비스 수준을 결정하는 핵심 요인이라고 할 수 있다. 물류 서비스를 어떻게 제공하느냐에 따라 기업의 경쟁력이 정해지는 시대이다.

가족과 떨어져 단신 생활을 몇 차례 한 적이 있다. 혼자라 많은 식품을 조달하지 않기에 식품 조달은 쉬웠다. 가까운 편의점을 나의 제2의 냉장고로 아니 나의 식품 물류센터로 여기고, 내 집의 냉장고는 식품 창고로 여기고 지냈다. 바쁘게 지내다 보니 사놓은 식품들이 2~3일 후에는 냉장고에 뭐가 들어 있는지도 기억 안 나고 결국 쓰레기로 버리는 경우가 종종 발생해 참 안타까웠다. 정말 가정의 식품 물류 책임자Chief Home Food Logistics Officer; CHFLO 역할이 어렵다고 느꼈다. 뭐가 문제인가. 역시 "재고 관리"였다. 냉장고 문에 보관된 식품의 입고 시간과 양을 보여 주는 장치가 부착되거나, 재고 식품 중에 빨리 처리해야 할 것을 경고음으로 알려주는 장치가 있으면 얼마나 좋을까 생각했다. 언젠가는 RFID로 해결할 수 있지 않을까. 물류 정보시스템 혹은 WMSWarehouse Management System의 문제로 봐도 될 것이다.

결국 나의 식품 창고엔 재고를 가급적 줄이고, 나의 식품 물류센터인 편의점에 필요한 식품을 보관시키는 전략으로 수정하게 되었다. 하지만 술 한 잔 한 다음 날에 편의점까지 가야 하는 불편은 남아 있었다. 결국 최소한의 식품 안전 재고는 나의 냉장고에 보관할 수밖에. 1달에 퍼지게 마시는 날 수를 예상하면서.

편의점의 경쟁력은 얼마만큼 '편의'를 제공하느냐에 달려 있다. 위치의 편의성 즉 접근성, 시간의 편의성(하루 24시간), 상품 구색의 편의성SKU: Stock Keeping Unit이 바로 그것들이다. 편의점의 물류 전략은 백화점, 대형 할인매장, 슈퍼, 홈쇼핑 업체 등의 다른 유통 업체와 다를 수밖에 없는 이유는 위의 3가지 특성에서 비롯된다.

나의 식사 동향을 파악하지 않고, 대충 식품 물류를 행하니 낭비가 발생할 수밖에 없었다. 이처럼 우리 기업이 판매 동향을 파악하지 않고 물류를 행해 기업에서의 낭비 비용이 총 물류비용의 20~30%나 되는 경우도 있다. 낭비는 물류비용에서만 발생하는 것이 아니다. 팔리지도 않는 제품을 만든 생산 비용도 낭비가 된다. 가격을 인하해 처분하면 가격 인하 분만큼, 폐기 처분하면 그것을 만든 생산 비용 모두가 낭비가 된다.

필자는 향후 경제가 선진화될수록 물류 서비스 산업은 더욱 발전할 것으로 본다. 특히 국제무역의 분야를 보면, 무역의 인위적인 장벽인 관세는 WTO와 FTA 등을 통해 계속 줄고 있으며 심지어 없애려면 없앨 수 있는 요인이다. 하지만 자연적인 장벽인 국제 물류비는 없앨 수가 없다. 계약과 결제 등은 전자적으로 이루어질 수 있지만, 물건을 전자적으로 보낼 수는 없다. 그만큼 신속, 정확, 안전, 안심 그리고 친환경 물류 서비스가 요구되고 있다.

기업이든 사람이든 우리는 시간時間, 공간空間, 인간人間 이 3개의 간間을 어떻게 메우느냐에 고심하며 살고 있다. 물류는 공간과 시간에 관련된 분야인 것으로 보인다. 공간의 극복을 다루는 운송, 시간의 극복을 다루는 보관과 물류 정보가 그것이다. 하지만 물류 기업이 더욱더 성장하기 위해서는 공간과 시간의 극복을 위한 경영도 중요하지만, 기업 내부 종사자 사이뿐 아니라 고객과의 소통을 통한 인간 극복의 경영이 그 기본이 되어야 한다고 말하고 싶다.

2008. 08. 01.

09
부산-후쿠오카 경제권

지난 8월의 성수기 때는 부산에서 후쿠오카福岡로 9번의 출항이, 그리고 후쿠오카에서 부산으로도 9번의 출항이 매일 일어나고 있다. 3시간 정도 걸리는 소형 쾌속선이 양 도시를 잇고 있다. 서울과 부산을 KTX가 약 3시간에 연결한다. 이보다 시간이 더 걸리는 페리Ferry도 매일 후쿠오카에서 부산으로 그리고 부산에서 후쿠오카로 운항하면서 두 도시를 연결하고 있다. 항공기도 매일 부산과 후쿠오카를 1~2회 연결하고 있다. 최근 대한항공이 양 도시를 9월부터 아침과 저녁 하루 2편의 운항을 추진하고 있다고 한다. 부산에서 오전에 출발해 저녁에 바로 되돌아오는 운항편이 고려되고 있다. 이렇게 다양한 운송 수단으로 이렇게 빈도 높게 연결되는 우리나라의 도시와 외국의 도시가 또 있을까?

20세기가 '도시화의 시대'였다면 21세기는 '도시의 시대'라고 한다. 부산과 후쿠오카 두 도시가 최근 일을 벌이고 있다. 초광역 경제권 구축이라는 프로젝트가 그것이다.

얼마 전 부산과 후쿠오카시가 오는 8월 말에 초광역 경제권 형성을 위한 협력을 공식적으로 선언하기로 했다. 또한 이명박 대통령은 부산을 중심으로 한 동남권과 일본 후쿠오카를 위시한 규슈 지역 간에 논의되고 있는 '초광역 경제권' 구상에 대해 "윈 · 윈 할 수 있는 무한한 잠재력을 갖고 있다"는 인식을 밝히면서 올해 하반기부터 정부가 적극적으로 추진에 나서겠다고 지난 7월에 밝혔다.

필자가 약 20년간 근무했던 부산 소재 대학을 떠나기 직전인 2001년 11월에 부산시청에서 개최한 심포지엄의 주제가 부산과 규슈의 경제 협력이었다. 약 10년 전에 '부산-후쿠오카 비즈니스 벨트 구축'을 위해 후쿠오카를 함께 방문하는 등 함께 고심했던 선배 교수들이 다수 참석했다. 그 무렵 부산시에서도 비즈니스 벨트 구축 관련 회의가 몇 차례 있었다. 약 14년 전 부산에서 개최된 한일 해협권 경제 포럼에서 필자는 부산-하카다 간의 해상 운송을 내항 운송으로 할 수 없느냐 하는 당시로서는 전혀 말도 안 되는 제안도 한바 있다. 국경을 초월하는 경제 특구로 나아가는 아이디어라고나 할까.

올해 7월 현재 인구가 1,436,133명인 후쿠오카는 2006년 6월 26일자 <뉴스윅> 국제판 특집 기사 '세계에서 가장 활동감이 넘치는 10대 도시'에 뽑힌 일본 유일의 도시이다. 정보화, 거주 매력, 교통과 공항 등의 편리성 등이 선정 기준이었다. 서일본의 거점 도시인 후쿠오카는 "아시아로의 게이트웨이Gateway"를 목표로 하고 있다. 2016년 올림픽 개최를 위한 일본 후보 도시 결정을 위해 2006년 8월 30일에 열린 회의에서 거대 도시 도쿄와 후쿠오카가 맞붙었다. 당시 놀랍게도 프레젠테이션에서 2명의 연사로 한국 고교를 다니는 한국인 여고생과 재일 한국인을 후쿠오카는 내세웠다. 정말 열린 일본 도시가 아닌가 싶다.

이번 초광역 경제권과 관련해 산 · 학 · 연 · 정계의 사람들이 후쿠오카를 방문하고 있다. 후쿠오카 시청, 기업, 경제 단체 등을 방문하는 것으로 보인다. 후쿠오카 사와라구의 모모치에 있는 후쿠오카 종합 도서관에도 한번 들러보길 권한다. 우리나라 신간 소설을 포함해 너무나 많은 우리나라 책들이 비치되어 있다. 이틀 전 발행된 국내 신문도 있다. 한국 신문은 텐진에 나가도 무료로 볼 수 있는 곳이 있다. 일본은 차비가 비싸다지만, 후쿠오카 도심을 하루 내내 무제한 여러 버스를 타는 데 우리 돈으로 약 6천원이면 된다. 발차 시각표가 게시된 정거장 바로 부근에서 타, 친절한 운전기사의 안내 방송과 함께 안심하고 탈 수 있는 니시테츠 버스의 경쟁력은 책으로도 소개된 바 있다. 매주 금요일은 '노 마이 카No My Car'라면서 대중교통을 이용하자고 하는 시책에 따라, 지하철과 버스의 1일 승차권을 6천 원에서 5천 원으로 할인해주고 있다.

후쿠오카 국제공항은 도심까지 택시로 약 20분밖에 걸리지 않을 정도로 공항의 접근성이 뛰어나다. 후쿠오카 도심에서 지하철로 3~5역을 거치면 국내공항 도착 후 무료 셔틀버스로 금방 국제공항에 도착을 한다. 배도 마찬가지다. 하카다항 바로 앞에 4~5 노선의 정거장이 있다. 한마디로 우리 방문자들이 부산과 후쿠오카 두 도시의 기본 인프라를 볼 수 있는 기회를 가지면서 후쿠오카를 자세히 지켜보길 바란다. 우리나라에서 종합보세구역, 관세자유구역, 자유무역지역 및 경제자유구역으로 발전해 나간 것을 보라. 결국은 정주와 삶의 질이 외국 자본 유치에 중요함을 인식한 결과이다.

KTX가 개통된 후 부산, 대구 등 지방 도시의 경제가 침체된 경향이 강하다. 빨대 효과라 할까. 메가 시티와 세컨드 시티가 빠르고 편리한 교통수단으로 새롭게 링크되면 메가 시티는 더욱 발전하고 세컨드 시티는 침체될 경향이 크다.

부산과 후쿠오카 간에 초광역 경제권이 결성이 된다고 할 경우, 지금의 여러 가지 인프라 등을 고려할 때 부산에서 후쿠오카로 가는 흐름이 더 클 것이라는 우려를 필자는 떨치기가 힘들다. 이 점에서 부산시는 너무 조급하게 이 문제를 대하지 말고, 차분하고 세밀하게 대비해야 할 것이다. 사실 부산 지역 신문이 니시니혼 신문과 같은 후쿠오카의 지역 신문 보다 초광역 경제권 문제를 기사로 더 많이 다룰 만큼 우리가 더 앞서 나가고 있다. 아주 오래전부터 검토했던 이 문제가 그동안 잠잠하다 다시 거론된 만큼, 이젠 좀 더 내실 있는 결과가 나오길 기대한다.

국민일보, 2008. 09. 09.

10
후쿠오카[1]

올해 7월 현재 인구가 1,436,133명인 후쿠오카는 2006년 6월 26일 자 "뉴스위크" 국제판 특집 기사에서 '세계에서 가장 활력이 넘치는 10대 도시'로 선정된 유일한 일본 도시이다. 정보화, 거주지로서의 매력, 교통과 공항 등의 편리성 등이 선정 기준이었다.

7년 전 서울로 직장(성균관대학교 경영대학)을 옮긴 후, 내가 지도하는 학생들이 후쿠오카에 대해 잘 모르는 것은 정말로 유감스러웠다. 도쿄나 오사카 정도밖에 모르는 학생들뿐이었다. 그래서 몇 번이나 학생들을 인솔하여 후쿠오카에 와 세미나도 하면서 내가 가장 좋아하는 도시 후쿠오카를 내 제자들도 알아보기를 바랐다. 내 여권에 찍힌 HAKATA 또는 FUKUOKA의 직인 수를 모두 다 세어보기가 어려울 지경이다.

서울 집에서 아침 6시에 나와 8시 후쿠오카 행 항공기로 가면 텐진天神이나 하카타로 10시 반쯤이면 도착할 수 있다. 당일 일을 마치고 저녁 식사를 후쿠오카에서 하고, 마지막 20시 45분경 비행

1 2008년 일본의 CELERY70에 일본어로 발표된 글 일부를 한글로 옮김.

기로 인천공항으로 돌아와 집에 도착하면 23시쯤 된다. 여러 가지 이유가 있겠지만 내가 후쿠오카를 좋아하는 가장 큰 이유는 국제공항이 도심부 가까이에 있다는 점이다. 현재 공항의 활주로 증설이나 공항이전 등 복잡한 논의가 진행되고 있는 상황인데, 아시아의 관문으로서 후쿠오카가 더욱 발전하기 위해서는 공항의 접근성이 매우 중요하다는 사실을 간과해서는 안 될 것이다. 이 코스로 서울의 직장인과 대학원생을 데리고 다녀온 결과 대다수가 가깝고, 저렴하고, 편리한 후쿠오카에 꼭 다시 가고 싶다는 말을 했다. 나는 인천공항뿐 아니라 김포공항도 후쿠오카공항과 연결되기를 바라고 있다. 하네다공항과 김포공항 간의 셔틀처럼 말이다.

지난 8월 21일, 한국 물류기업의 CEO와 임직원을 포함한 약 100명의 기업인들이 한국무역협회 주최로 일본에 가는 도중에 진행될 선상에서의 기조 연설을 3주 전에 의뢰받았다. '한일간 물류 협력'이라는 주제의 발표 준비를 하기에도 바쁜지라 처음에는 사양하였다. 서울에서 부산으로 간 후 배에 탑승한다고 한다. 배가 모지門司항으로 가서 후쿠오카 근처의 혼다자동차, 물류 시설 및 하카타항을 방문한다는 설명이, 기업가들을 후쿠오카에 한번 데려갔으면 좋겠다는 내 바람과 맞아떨어져, 기꺼이 연설자로서 참가하게 되었다. 21일 저녁에 부산에서 출항하여 아침에 기항하기 전, 파도가 매서웠던 22시쯤에 이루어진 선상 세미나에서 나는 무엇보다 한국의 기업가들에게 후쿠오카를 보라고 역설했다. 또 기회가 있다면, "후쿠오카여, 부산도 봐야 하지만 서울을 포함한 한국의 수도권을 보라!"고 말하고 싶었다. 후쿠오카의 경제에 큰 도움이 될 것이라 믿는다.

올해 상반기에는 이렇게 생활했다. 부모님을 뵙기 위해 서울에서 부산으로 가 하루를 보내고, 다음날 배를 타고 후쿠오카로 건너가 가족들과 함께 시간을 보내고 비행기로 서울로 돌아오기도 했다. 또 서울에서 비행기로 후쿠오카로 건너가 며칠간의 시간을 보낸 후 배로 부산으로 돌아와 기차를 타고 상경하기도 했다.

대학에서만 생활한 나로서는 후쿠오카에 한국, 중국 및 일본 학생들뿐 아니라 전 세계의 학생을 유치하는 대학이 생겼으면 좋겠다는 생각을 한다. 도쿄의 다양한 사립대에서 개설한 국제교양학부 또는 벳푸別府에 있는 APU와 같은 대학을 벤치마킹하여, 시골이 아닌 접근성이 높은 후쿠오카 도심에서 일본인 교수와 외국인 교수가 영어, 일본어, 한국어, 중국어 등 4개 국어로 수업을 진행하는 대학이 신설되거나, 기존의 대학을 개편 · 확장하면 가능성이 있으리라 생각된다.

서울은 많은 중국 유학생을 유치하였지만 일본인 학생은 그러하지 못했다. 한국의 대학교수도 외국 대학에 겸직할 수 있는 제도가 도입될 것이라고 한국 정부에서 발표한 적이 있다. 서울과 부산, 중국 상해 등의 대학교수들이 이러한 대학에 참가할 수 있을 것이다.

동북아시아의 가치에 기반을 둔 글로벌 대학이 후쿠오카에서 탄생할 수 있을 것이라 생각한다.

후쿠오카!
하카타!

앞으로 한국, 더 나아가 아시아의 다양한 도시와 함께 윈윈할 수 있도록 하드웨어, 소프트웨어 및 휴먼웨어, 모든 측면에서 분발할 수 있기를 바란다. 나에게 정보, 휴식, 음식, 건강, 네트워크 등의 다양한 키워드를 준 이 도시에 앞으로 자주 오길 희망한다.

2008. 11.

11
엘리베이터 단상斷想

국제 비즈니스와 무역 관련 강의와 연구를 오랫동안 해 오다 보니, 핵심적인 문제는 시간時間, 공간空間 그리고 인간人間의 세 가지 간間을 어떻게 잘 극복하느냐는 문제로 귀결된다는 생각에 이른다. 그중에서도 공간의 극복은 운송에 의해 이루어지고 있다.

엘리베이터, 자동차, 선박, 기차, 비행기, 파이프라인. 이들은 모두 운송 수단인데, 파이프라인 빼고 나머지는 사람과 화물을 운송 대상으로 한다. 거리로 따지지 말고 횟수로 볼 때, 도시인이 하루에 가장 많이 이용하는 것은 아마 엘리베이터가 아닌가 싶다.

땅 위의 자동차, 기차, 바다 위의 선박, 바닷속의 잠수함, 하늘 위의 비행기, 지하의 파이프라인. 그런데 엘리베이터는 건물 속이다. 인간은 어떻게든 빨리 가려고 이런 운송수단을 부단히도 개발해 왔고 지금도 그 사정은 여전하다.

세상은 정보 기술과 운송 기술의 발전으로 모든 게 빨라지고 있다. 이렇게 빠른 생활에는 생각도 빨라질 수밖에 없다. 느릿느릿 땅도 보고 하늘도 보고 걷다보면 생각이 깊어질 수도 있는데 말이다. 정보 기술은 시時의 간間을 메우려고 하고, 운송은 공空의 간間을 메우고 있다. 이들 덕분에 삶은 편해졌다고 할 수 있지만, 인人의 간間은 더더욱 벌어져 가고 있다. 디지털적인 간격은 줄어들지 몰라도 아날로그적 간격은 더더욱 커지고 있다.

기원전 287년 그리스 공학자 아르키메데스가 개발한 도르래가 사람까지 들어 올리는 엘리베이터의 시초라고 한다. 엘리베이터가 현재와 같이 발전하게 된 것은 19세 후반 들어서이다. 1852년 엘리샤 그레이브스 오티스가 발명한 낙하방지 장치에 힘입어, 1857년 뉴욕의 어느 매장에 최초의 승강기가 설치되었는데, 분속 12미터의 속도로 5개 층을 운항했다. 우리나라는 전체 운행 대수로 볼 때 세계 8위의 엘리베이터 강국(?)이다.

지금 명륜 캠퍼스의 정식 출입구는 몇 개일까? 정문, 삼청동 가는 후문, 대성로에서 옆으로 빠지는 문, 다산경제관 입구 맞은편 담 옆의 문, 그리고 도서관 부근의 엘리베이터 있는 문.

70년대 이후 우리 대학의 시설 중에서 가장 큰 발전을 보인 것은 무얼까? 첨단 강의실, 600 주년 기념관, 도서관, 보건진료소, 아이캠퍼스, 셔틀버스 등 많을 것이다. 하지만 내가 보기엔 도서관 부근에 2007년 10월에 설치된 엘리베이터이다.

70년대에는 지금의 이 엘리베이터 근처에 거주했던 다수의 학생들은 월장을 하거나 누군가가 담을 부수고 파낸 구멍(개구멍?)을 통과해 흙길로 힘들게 올라와 강의실이나 도서관에 가곤 했다. 그들 중에 많은 이들이 고시에 합격하기도 했다.

그 당시 이런 열악한 상태의 진입으로 거의 여학생은 이쪽으로 등교하지 않았다. 지금도 그런지 모르겠지만, 하숙비나 방세가 정문 근처 보다 싼 뒷문 근처에 많은 학생이 거주했는데, 정문을 통과해 가면 시간이 많이 걸리니 개구멍을 통과했을 것이다. 그러다 보니 그 당시 학생의 구멍 파기와 학교의 구멍 막기가 반복되었다. 그

후 문이 생기고 계단도 생겼다가, 드디어 2007년 10월 엘리베이터가 설치되었다.

당시 입학한 동창생들이 오랜만에 어쩌다 방문하면 정문으로 와 600주년 기념관을 보고 놀라지만, 이 엘리베이터를 이용하게 하면 더더욱 신기해하면서 흐뭇해한다.

오늘도 이 부근을 지나다 엘리베이터를 타나 계단으로 가나 잠시 고민을 하면서, 이런 과거를 엘리베이터 이용 학생들은 알까 하는 생각과 엘리베이터 설치로 이 부근의 지역 경제는 얼마나 활성화되었을까 하는 엉뚱한 의문도 가져본다.

성대신문, 2011. 04. 04.

12
숙대와 성대 무역학과의 특별한 인연

아내(무역학과 76학번)를 만난 지 이제 30년이 지났다. 당시 나는 성대 대학원 무역학과 학생이었고, 아내는 숙대 대학원 무역학과 학생이었다. 숙대에서 성대로 전직한 Y교수가 수업을 합반하여 운영하였기에, 운명적으로 만났다는 생각을 한다. 논문 작성에 필요한 자료를 밑천으로 해서 자꾸 접근했더니, 부산 사나이의 거센 언행도 어느덧 서울깍쟁이 아가씨의 마음을 끌어 결국 결혼에 골인했다. 사실 그녀를 만나기 전에 숙대 무역학과 학생들과 클럽을 한 적이 있었다.

우스운 이름이지만 '통통배'란 클럽이었다. 부산 지역 출신의 양 대학 무역학과 재학생들로 구성되었다. 집사람이 76학번 무역학과이니 1년 선배들하고 그녀를 만나기 전부터 숙대 무역학과 학생과 교류한 셈이다. 나의 대학 선배들이 한국 최고의 무역학과 학생들끼리 독서도 하고 토론도 하는 서클을 숙대 무역학과와 함께 창설하게 되었다. 당시 청파 언덕에서 우리 기수 숙대 무역학과 학생들에게서 술도 얻어먹고 기숙사 오픈 하우스에도 가고 했던 게 아련하기만 하다.

성대 무역학과 부산 출신 학생과 7년 전 회식하면서 통통배 후신과 같은 동아리가 여전히 있음에 깜짝 놀란 적이 있다. 그 학생 왈, 양 대학의 경영학부 학생들의 동아리라고 하였다. 왜냐하면 성대나 숙대나 둘 다 무역학과가 오래전에 폐과가 되었으니 말이다. 이 점에 대해선 우리 부부는 아직도 정말 분개하고 있다. 한국 경제 성장에 무역의 지대한 역할을 고려할 때 그럴 수가 있느냐면서.

결혼 후 부산에 정착해 약 20년 살았다. 처음엔 시어머니의 부산 사투리에 말귀도 잘 못 알아듣는 것도 있었지만, 무난히 견디는 걸 보고 전형적인 숙명인의 모습을 보았다. 80년대 말부터 4년 간 보낸 영국에서의 어려운 학업생활은 아내의 내조가 없었다면 결코 가능하지 않았을 것이다.

그래서만은 아니지만 6년 전 그녀를 1년간 미국 텍사스의 주립대학에 연구할 기회를 주었다. 혼자서 당시 고3인 둘째 애를 양육하면서 정말 아내의 자리를 실감했다. 아내는 부산 살 당시 그곳에서 박사학위를 받았다. 하지만 지방 대학의 학위라 자리 얻는 데 큰 도움이 안 되어 미국과 일본에서 연구를 하기도 했다.

결혼 후 지금까지 시간강사를 하며 부산과 서울에서 바쁘게 지내는 모습을 보면서, 동학을 하는 사람으로서 뿌듯함을 느꼈다. 여태까지 책을 많이 발간했는데, 집사람이 교정도 자주 해 줘 도움도 많이 받았다.

서울로 이주한 후 모교인 숙대서 강의하게 되어 무척 기뻐했으나, 일본 후쿠오카에서 생활하게 되자, 강의를 못하게 되어 무척 아쉬워했다. 영국에서 4년, 미국에서 1년 그리고 일본에서 1년 6개월의 생활을 견디며 즐기는 것은 무역학과 출신이라 가능했으리라 본다. 지금도 나의 연구에 도움만 준 아내에게 미안해하면서, 일본에서 다시 박사 공부를 권했지만, 이미 50을 넘어 무슨 소용 있겠냐

며 거절하는 모습에 안타까울 뿐이다. 1991년 영국서 연구를 마치고 난 뒤, 혼자 남아 공부하겠다던 아내는 당시 L 교수의 추천으로 얻은 영국 대학의 박사과정 입학을 두 아이의 양육을 위해 포기하였다.

한마디로 나의 건강, 연구, 우리 가족의 화목 등 모든 것이 아내의 헌신적인 도움이 있었기에 가능했다. 이 모든 것은 결국 전통 깊은 여성 교육의 전당인 숙명여대에서 교육받은 덕분이라고 생각한다.

결혼하면서 내가 그녀에게 약속을 하나 했다. 내 고향 부산에 있는 국립대학으로 내려가지만, 언젠가는 모교 성대 교수로 오겠다고 했다. 그것이 당시 나의 꿈이었다. 이 꿈을 이루고, 약속을 지킬 수 있었던 것은 오로지 아내의 내조에서 비롯되었음을 이 자리를 빌려 밝힌다.

숙명여대 동문회보, 2011. 06.

13

『글로벌 경쟁 유교경영으로 뛰어 넘어라』 역자 서문

중국 고전 四書五經(사서오경)은 유교 사상을 담고 있는 동양의 정신문화유산이다. 四書(사서)는 「大學(대학)」, 「中庸(중용)」, 「論語(논어)」, 「孟子(맹자)」를, 五經(오경)은 「易經(역경)」, 「書經(서경)」, 「詩經(시경)」, 「春秋(춘추)」, 「禮記(예기)」를 말한다.

이 책은 일본어판 「四書五經の名言錄 – 儒敎の精神・經營の心」를 한국어로 펴낸 번역서다. 여기에서 다루어지고 있는 44개의 명언들은 모두 사서오경에서 골라 뽑은 것으로, 인간으로서 갖추어야 하는 기본 덕목과 관련된 말이다. 이 명언들은 중국의 거유 석학들이 2,500년 전에 한 말이지만, 그 시사하는 의미는 시공을 넘는 진리이자, 인류의 보편적 가치관이라고 하겠다.

저자 守屋 洋(모리야 히로시)는 저명한 중국문학자로, 해박한 지식과 높은 식견으로 중국 고전에 관련한 저서를 많이 출판한 바 있다. 저자는 이 책에서 인간의 일상생활에 밀접한 관계가 있는 명언을 골라 이를 해설하고, 그런 덕목을 몸에 지녀야 하는 이유를 알기 쉽게 서술하고 있다. 특히 기업 경영에 있어서 이들 덕목이 왜 필요한지 그리고 어떻게 하면 이런 가치관을 계발할 수 있는지를 매우 설득력 있게 논술하고 있다.

한국 사회는 6.25 이후 빈곤을 극복하고 산업화를 추진하는 과정에서 기업은 이익 추구에만 몰두했고, 개개인은 입신출세를 위한 경쟁과 이기주의에 빠져들었다. 결과적으로 전통적 가치관은 — 예컨대 仁義禮智信(인의예지신) — 외면당하고 실종되다시피 됐다. 물질주의와 금전만능주의가 팽배하는 사회가 되었다.

그런 가운데서 한편으로는 동양 고유의 가치관과 인문학을 바탕으로 하는 정신문화에 대한 새로운 관심이 나타나고 있는 현상은 반가운 일이다. 모든 인간사가 사람에 의해 이루어지고 있는 사실을 감안할 때, 사람의 마음가짐이라든가 인간관계를 밝혀주고 가르쳐주는 ＜인간학＞의 중요성은 아무리 강조해도 지나치지 않을 것이다.

이 인간학을 구체적으로 깊이 있게 집중적으로 밝히고 있는 게 四書五經이다. 故 이병철 삼성그룹 창업회장은 "내 모든 경영 비법은 논어에서 나왔다"고 했을 만큼, 인문학은 동서고금을 막론하고 그 중요성이 강조되어 왔다.

이 책은 누구나 읽어도 이해할 수 있도록 쉽게 쓰여 있다. 중국 고전의 명언을 통해 옛 선각자, 철인들의 사상을 부분적이나마 음미할 수 있다는 점에 있어서도 이 책은 교양서로서의 가치가 충분하다. 유교 정신과 경영자 마음의 접합을 보여주는 본서의 일독을 권하고 싶은 마음이 간절하다.

역자가 1974년 12월 고등학교 3학년 마지막 국사 수업에서, 대학, 논어, 명심보감을 대학 입학 전에 읽어 보라는 선생님의 말씀을 듣고 한문 공부도 할 겸 읽어 본 적이 있다. 그리고 1975년 3월 성균관대에 입학해 1학년 때 필수과목으로 대학, 중용 과목을 수강하게 되었다.

대학 입학 후부터 관심을 가지고 이 분야와 관련된 책들을 틈틈이 읽기만 했는데, 이번에 17번째 번역서로서 이 책을 출간하게 되었다. 이 분야에 눈을 뜨게 해주신 선생님들께 감사의 말씀을 드린다. 또한 후쿠오카에서 교환학생으로 고교생활을 보내면서 이 책의 원서를 보내준 막내에게도 고마움을 전한다. 그리고 한자 타이핑이 어려운데도 많은 도움을 준 주세환 군과 강용준 군의 노고에 감사를 표한다.

성균관 명륜당 뜨락에서 유생들의 글 읽는 소리를 떠올리며

아카데미프레스, 2011. 11.

14

FTA와 번역 문화

여태 영서와 일서 15권을 번역 출간한 바 있다. 첫 번역서 작업에서 애먹었던 용어 중의 하나가 영란英蘭은행이었다. 영국 출판사와의 정식 번역 계약 하에 1985년 3월에 첫 번역 출간한 『국제경제사』 역서에 Bank of England를 영란은행이라고 번역했다. 당시 경제사 관련 책에는 영국은행이 아니라 영란은행으로 소개되어 있어, 내심 미심쩍어 하면서도 필자도 그렇게 번역했다. 스코틀랜드은행도 있고, 잉글랜드, 웨일즈, 스코틀랜드 및 북아일랜드 모두를 합쳐 일명 영국이라고 하니 영국은행이라고는 당시 번역하지 않았다.

란蘭이 왜 들어가는지 혹 네덜란드(화란)와 무슨 연관이 있나 하는 의문도 가졌다. 그러다 1988년 영국에서 공부할 당시 경제사학과의 세미나 주제가 이 은행의 설립 역사에 관한 것이라 참석한 바 있다. 질의 시간에 일본과 한국에서 영란은행이라고 번역하는데, 나의 의문과 함께 무슨 이유일까라고 엉뚱한 질문을 했다.

해답은 그 자리에서는 못 찾고 세미나가 끝난 뒤에 찾았다. 그 자리에 있었던 영국인 교수가 내게 보여준 영중英中사전은 England를 英格蘭(영격란)이라고 풀어 적고 있었다. 그래서 내가 이걸 한자로 적어 같은 연구실의 중국인에게 읽어 보라고 했더니 잉글랜드와 비슷하게 발음했다.

결국 영란이란 표현은 잉글랜드의 중국어 번역에서 비롯되었다는 결론에 도달하게 되었다. 귀국 후 1992년 개정판을 내면서 영란은행이 아니라 잉글랜드은행으로 모두 수정했다.

FTA 협정문 번역오류 공개 판결. 작년에 정말 어이없는 일이 발생했다. FTA 비준 동의가 번역오류로 표류하기도 했다. 이런 일이 왜 발생할까? 번역 경시 문화가 그 주요 원인이다. 아무나 번역을 할 수 있는 게 아니다.

소수의 그룹에게 전속화되거나 사유화된 정보나 지식을, 다수의 집단에게 개방하고 공유화시키는 것이 번역의 목적이다. 이 말은 80년대 필자가 읽은 책의 서문에 나오는 글귀로서, 지금도 번역을 하는 나의 이유이기도 하다.

올바른 번역은 공자의 정명론正名論과 직결된다고 하면 지나친 표현일까. 메이지 유신 이후 일본의 근대화 과정에서 번역의 지대한 역할을 알 수 있는 마루야마 마사오丸山眞男와 가토 슈이치加藤周一 공저 『번역과 일본의 근대』란 책이 국내에서 12년 전에 번역 출간된 적이 있다. 번역이 얼마나 중요하며 얼마나 철저해야 하는지를 느끼게 해주는 번역서이다. 일독을 권한다.

성대신문, 2012. 11. 19.

15
유학생 내쫓는 대학원 논문 제출 의무

최근 몇 년 새 서비스 산업에 대한 정부의 관심이 커지고 있다. 서비스 무역은 생산자와 소비자의 이동 여부에 따라 4가지의 유형으로 분류된다. 생산자 · 소비자가 전혀 이동하지 않는 유형, 생산자만 이동하는 유형, 소비자만 이동하는 유형, 그리고 생산자 · 소비자가 모두 이동하는 유형 등이다. 교육 서비스 무역은 세 번째 유형의 대표적인 사례다.

요즘 국내 대학은 외국 유학생 유치에 노력을 기울이고 있다. 중국 출신이 가장 많지만, 미국 · 프랑스 · 호주 등 선진국은 물론 러시아 · 우즈베키스탄 · 몽골 · 인도네시아 · 베트남 · 쿠바 등의 우수 대학 출신도 적지 않다. 그리고 이들 중에는 무역이나 국제통상학을 전공하려는 이들이 많다. 경영학 · 경제학과 달리 단일 학과로 이들 전공을 강의하고 연구하는 나라가 한국 외에는 많지 않기 때문이다.

특히 무역의 포괄적인 연구를 위한 대학원 전문학과가 있는 곳은 한국이 거의 유일하다. 한국은 무역으로 경제 성장을 이룬 준準선진국이고, 지금은 자유무역협정FTA 등을 통해 글로벌 무역의 중추로 자리 잡은 나라이기에 더욱 매력적이다.

그런데 지난해 그 많은 외국인 지원자 중에서도 극소수만 선발할 수밖에 없었다. 그들이 한국어를 못해서, 또는 등록금을 내지 않을까 봐 그런 게 아니다. 일반 대학원의 석사학위 논문 제출을 의무화한 '고등교육법 시행령 제44조' 때문이다.

요즘처럼 연구 윤리와 논문 표절 방지를 강조하는 시대에는 아무리 한국어를 잘하는 외국 유학생이라도 논문 작성을 지도하고 싶어 하는 교수가 그리 많지 않다. 그들의 표현이 한국인보다 떨어지는 게 사실이고, 자칫 소홀히 지도했다간 논문 표절 문제가 발생할 수 있기 때문이다. 또 한국 학생보다 훨씬 힘들게 논문을 지도한들, 교수에게 돌아오는 보상이나 평가 점수가 크지 않기에 그들을 제자로 두는 것을 꺼리는 게 요즘 분위기다.

외국에선 오래전부터 논문을 제출하지 않아도 추가 학점을 이수하면 이를 대체해주는 제도를 시행하고 있다. 한국에서도 특수 대학원 등은 이런 제도를 시행하고 있으나, 유독 일반 대학원에는 까다로운 기준을 적용하고 있다.

물론 박사 과정의 경우 논문 작성이 필수적이다. 그러나 석사의 경우, 특히 외국인의 석사 학위의 경우에도 전공을 불문하고 반드시 논문을 제출해야 하는 규정을 유지해야 하는 이유가 궁금하다. 이것이 교육 서비스 수출의 '손톱 밑 가시'라고 표현하면 지나칠까.

지난 10년간 한국의 교육 서비스 무역 수지는 매년 3조~4조 원의 적자를 보이고 있다. 교육 서비스의 수출을 늘리는 지름길은 가격 ·

비가격 양면에서 경쟁력을 제고하는 것이다. 일반 대학원 석사과정에서 논문 제출 의무를 학문별 특성과 학과의 사정에 따라 대학의 재량에 맡기면 더 많은 유학생을 받을 수가 있을 것이다.

중앙일보, 2014. 01. 21.

16
한국 무역 연구의 40년 발자취

(사)한국무역학회는 1974년 7월 22일에 출범한 이래 우리나라 무역 연구 분야를 선도하는 학회로 성장하게 되었다. 그간 대한민국은 1974년 100억 달러 규모의 "貿易立國(무역입국)"에서 2012년부터 1조 달러를 돌파하고 세계 9위의 "貿易强國(무역강국)"으로 성장했다. 이러한 성장에 학계, 산업계 그리고 정부 기관에 종사하는 우리 학회 회원들도 기여했다고 생각한다.

올해로 창립 40주년을 맞이하는 우리 학회는 1974년 이래 지속적인 발전을 거듭하면서 전국 200여 개 대학의 교수들과 330여 개 무역 유수 기관 등에서 종사하고 있는 총 3,000여 명의 회원으로 성장하여 한국 최대 학회 중의 하나가 되었다.

우리 학회의 국문 학술지인 『무역학회지』는 무역 분야 최초의 한국연구재단 등재지로서 무역 이론 · 실무에 관한 우리나라 최고의 권위자들이 지속적으로 연구 논문을 게재하고 있다.

또한 영문 학술지 *Journal of Korea Trade*는 2008년 사회과학 분야에서 세계적으로 인정받는 SSCI 저널로 등재됨으로써 명실상부하게 학회의 명성과 권위를 세계적으로 주지시키게 되었다.

우리 학회는 매년 3~4회의 국내 · 국제 학술 대회를 개최하여 국내 · 외 연구자들 및 실무자들과 지속적인 교류를 통해 무역학의 이론 정립, 무역 정책의 개발과 제안, 통상 마찰 대응, 국제 무역 분쟁의 해결 방안 모색 등 무역 관련 분야의 실용적인 학문 발전을 도모하고 있다. 창립 40주년을 맞이한 2014년 6월에는 처음으로 일본에서 국제 학술대회를 개최하여 국내 60여 명, 해외 40여 명의 학자들과 무역에 관한 다양한 주제로써 토론의 장을 열기도 했다.

이렇게 한국의 경제 성장과 함께 동고동락하면서 노력해온 우리 학회의 업적은 무역 정책 개발과 제안, 무역 관련 교과목 개발과 독립 학문 구축, 무역 인력 양성을 통한 무역 리스크 예방, 산학 협력 체계의 구축 그리고 무역 체험 교육 실시 등으로 요약할 수 있다.

무역학회 창립 40주년을 기념하는 연구 사업의 일환으로, 1975년부터 출간된 1,500여 편의 무역학회지 게재 논문 전체에 대한 메타분석을 실시하고 <무역학의 과거와 현재, 그리고 미래를 생각한다=『무역학회지』 1975－2013년 메타분석>이라는 기념집을 발간하게 되었다. 무역학회지에 게재된 모든 논문들을 세부 16분야로 분류하여 정량적 및 정성적으로 분석하고, 나아가 그 특성들을 파악하여 무역학 학문 분야의 전망을 제시하고 있다. 우리 학회 회원 교수 20여 명이 참여한 1년간의 연구 결과물이다.

역사의 연구는 과거를 연구하는데 그치지 않고 과거를 통해 현재를 조명해 보고 미래를 전망할 수 있기에 필요하다. 게재된 논문의 분석을 통해 무역 연구의 현재를 조명하고 무역학의 미래를 전망할 수 있도록 해 줄 수 있을 것으로 믿어 의심치 않는다.

'물을 마실 때는 우물을 판 사람을 생각한다'라는 뜻인 飮水思源(음수사원)이라는 사자성어처럼 우리가 무역을 연구하고 우수한 논문을 발표할 수 있었던 것은 한국무역학회의 창립과 학회지의 창간에 힘입은 바가 크다. 그리고 한국 무역의 성장에 각계의 기여가 있었지만 한국무역학회의 역할도 잊어서는 안 될 것이다. 이 기념집의 발간에 무역 관련 기관이나 협회 및 업계에서도 관심을 가져 주기 바란다.

한국무역학회, 2014. 08. 29.

17

『원전은 결코 저렴하지 않다: 원전 비용의 진실』 역자 서문

2011년 3월 11일 TV에 나온 일본 후쿠시마의 대참사 장면은 정말 오랜 기억에 남아 있다. 도대체 어쩌다 이런 일이 발생했나? 이 인류의 대참사를 보며 나는 성대 대학원 무역학과에서 성금을 모아 4월 20일경 조난자들을 위해 소형 라디오 100여 대를 구입해 직접 도일해 관련 단체에 기증하기도 했다.

나는 4년 전부터 저탄소 녹색 무역에 관한 중장기 연구 과제의 책임자로 기후 변화, 탄소 배출권, 무역에서의 탄소 저감 등의 문제에 대해 연구를 해 왔다. 그 과정에서 결국에는 에너지원별로 탄소 배출에 대한 관심이 생겼고, 나아가 에너지원별 비용 문제에까지 이르렀다. 2년 전에 이 책의 저자 오오시마 켄이치大島堅一 교수가 출간한 일서("재생에너지의 정치경제학", 아카데미프레스, 2013)를 번역해 출간한 적이 있다. 당시 내용상 애매한 부분에 대해 논의하기 위해 작년 교토 역 근처에서 오오시마 교수를 만났을 때, 이 책의 원저를 선물로 받았다. 읽으면서 1970년대 초 고교 시절 부모님과 임랑에서 해수욕을 했던 시절이 떠올랐다. 1971년 임랑에 기공된 고리 원자력발전소는 내가 처음 알게 된 원전이었다.

원전은 저탄소 녹색 성장의 중심이며 비용이 저렴한 전원이라고 하는 주장이 많다. 후쿠시마 원전 사고를 TV와 언론을 통해 보면서 이 주장에 대해 의문시하게 되었다. 이 책을 읽고는 더욱 그런 생각을 하게 되었다. 원자력 발전이 정말 저렴한 에너지원일까라는 게 이 책의 초점이다. 원전의 비용을 어떻게 계산해야 될까. 이 책을 통해 보다 정확한 계산의 접근 방식을 알게 될 것이다.

모두 6개의 장으로 구성되어 있는 이 책은 2012년에 발간된 오오시마 켄이치 선생의 일서를 완역한 것이다.

제1장에서 세계적인 사건이라 할 수 있는 후쿠시마 원전 사고의 경위, 피해 및 원인을 다룬다. 제2장에서 재정적인 우대 조치 그리고 원자력 분야의 실권자 등을 살펴보면서 일본이 원전 대국으로 발전해 나간 과정을 검토한다. 제3장에서 조작된 방식의 계산으로써는 원전의 실제 비용을 파악할 수 없으며 사회적 비용을 포함한 원전의 실제 비용을 고려해야 한다고 설명한다. 제4장에서 원전 비용의 계산에 필요한 사고 비용, 사고 발생 확률 및 오염 제거 비용 등을 밝힌다. 제5장에서 사용 후 핵연료의 처리를 둘러싼 문제와 관련 비용을 분석한다. 마지막으로 제6장에서 원전이 꼭 필요한 것은 아니라는 주장을 하면서 에너지 민주주의를 주창하고 있다.

이 책의 요지는 원전의 비용이 다른 전원에 비해 높다는 것이다. 후쿠시마 원전 사태의 사고 비용은 엄청나며, 사용 후 핵연료의 재처리 비용 또한 엄청나다. 게다가 입지 대책 비용도 든다. 방사성 폐기물 처분 시설 후보지의 선정은 정말 어려운 과업이다. 우리 정부도 2005년 3천억 원의 특별지원금과 공기업인 한국수력원자력의 본사 이전이라는 당근을 내밀며 4개 자치단체 중 주민 투표에서 89.5%가 찬성한 경주시에 건설하기로 결정했다. 이러한 사회적 비용을 포함하지 않으면 원전의 비용은 싸다.

따라서 이제부터 원자력에서 재생에너지 중심의 에너지 정책으로 전환해야 한다는 것이다. 2012년 여름 일본 정부가 국민들에게 2030년의 원전 비율에 대한 여론 조사를 다수 했는데, 과반수 이상, 70~90% 그리고 80% 이상이 원전 중단을 지지했다. 후쿠시마 원전 사태로 돈으로 환산할 수 없는 고통과 피해를 겪는 이들을 본 사람들로서는 그럴 수밖에 없을 것이다.

아시아에서 일본에 이어 23기의 상업용 원자로를 보유한 우리나라는 일본과 마찬가지로 에너지 자원이 부족하여 원전에 의존해 왔다. 우리 정부는 작년 말 에너지 기본 계획을 새롭게 규정하였다. 에너지원에서 원자력이 차지하는 비율을 현재 비율인 26%에서 2035년에는 29%까지 인상하는 방침을 내걸었다. 원전을 약 40기까지 늘리겠다는 증설 노선을 유지하기로 했다.

한국 최초의 상업로인 고리원전 1호기가 가동한 것은 1978년이다. 방사성 폐기물 처분시설 선정은 1986년부터 본격화되었는데 후보지가 선정될 때마다 지역주민들이 강하게 반발했었다. 현재 원전 폐기물의 처분을 두고 곤란을 겪고 있다. 사용 후 핵연료의 처리에 대해서는 이제 막 논의가 시작된 참이다. 후쿠시마 원전 사고를 계기로 우리나라에서도 원전 관련 시설에 대한 불안감이 고조되어 구체화될 때까지 난항을 겪을 것으로 예상된다. 심지어 작년 5월에 원자력에 들어가는 제어 케이블 시험 성적서 위조 문제가 터졌다. 그 후 행해진 원자력안전위원회의 전수 조사에 의하면, 부품에서 2,114건, 기기에서 62건의 성적서 위조가 확인됐다. 망가진 우리나라 원자력 분야의 실상을 보여주고 있다.

한편 원자력 발전이 지구 환경 문제를 해결하기 위해 노력하고 있다는 홍보도 많이 있었다. 분명 이산화탄소는 발생하지 않는다. 그렇다고 해서 친환경적인지 어떤지는 별개의 문제이다. 일상적으로 방사능이 나오고 있고, 한번 대사고가 발생하면 그 지역에 그치지 않고 국경을 넘어 오염이 확산되기 때문이다.

나를 아는 사람들 중에 이 책을 보면서 무역을 전공하는 자가 별 걸 다룬다고 생각도 하리라 본다. 호기심이 많은 나로서는 일어를 모르는 사람 중에 나처럼 관심을 가지는 사람들을 위해 정보를 공유하기 위해 20권 넘게 다양한 분야의 번역서를 1985년 이래 출간해 왔다.

여태 200여 번 일본을 방문했는데, 방문 때마다 서점에서 읽고 싶은 책을 구입해와 그 책들 중에서 번역 출간한 게 20여 권을 넘게 되었다. 요즘 전문 일본 서적의 번역은 많지 않은 편이다. 번역권 문제, 역자의 낮은 번역료 수입, 연구 실적으로서의 불인정 및 출판업계의 불황 등이 그 원인일 것이다. 주로 영어 사용국에서의 박사 취득자들인 대학교수들은 일본의 전문 서적을 접할 기회가 거의 없는 것으로 안다. 이 번역서를 통해 이 분야의 연구는 일본에서 어떻게 이루어지고 있으며, 어떤 연구 성과를 올리고 있는지를

여러분들이 접할 기회를 가지길 바란다. 특히 환경 전공자 및 에너지 전공자의 일독을 권한다.

아카데미프레스, 2015. 05. 15.

18
외국인 유학생이 오고 싶은 대학으로

정부는 최근 8만 5,000명 수준인 외국인 유학생 수를 2023년까지 20만 명으로 늘리는 '유학생 유치 확대 방안'을 발표했다. 외국인 유학생 비율을 현재의 2%에서 5%로 늘리려는 게 골자다. 연간 4조 원에 달하는 유학 수지 적자, 국내 서비스 산업 활성화, 학령인구 감소를 감안하면 적절한 조치다. 전 세계 유학생 시장(2012년 450만 명)에서 한국의 점유율은 1.9%로 우리의 경제 규모를 감안하면 미약하다. 특히 2000년대 중반 이후 급증하던 국내 유입 해외 유학생 수는 2011년을 정점으로 감소세로 방향을 틀었다.

우리가 해외로 유학을 가는 이유를 '역지사지'로 생각해 보면 외국인 유학생을 늘릴 수 있는 방법은 의외로 간단하다. 대학의 입장이 아닌 유학생들 입장에서 그들이 원하는 부분을 충족시켜 주면 된다.

한국 유학시장의 강점으로는 한류의 확산과 세계 10위권의 산업 경쟁력이다. 특히 정보기술IT · 조선 · 원자력 등의 제조업과 의료 · 미용 등의 서비스업 경쟁력은 압도적이다. 반면 한국어의 한계와 외국인 기숙사 등 유학 인프라가 부족하다. 따라서 외국어 강좌를 늘리고, 대학별로 취업에 유리한 실무 교육을 활성화하는 식의 콘텐트 차별화와 교육 인프라 확충이 필요하다.

유학생들은 대부분 수도권 대학에서 공부하고 싶어 하고, 대기업 취업을 원한다. 지방대학에 입학한 유학생도 한국 생활에 적응한 이후에는 서울에 위치한 대학으로 편입하는 경우가 늘고 있다. 이점을 감안하면 유학생의 선호도가 높고 취업에 유리한 커리큘럼을 갖춘 수도권 대학에 유학생 전문학과를 우선적으로 개설해야 한다. 졸업 이후 본인이 원하는 대기업에 취업이 이루어지면 유학생 수는 더 증가하고, 이는 지방대학과 중소기업으로 '낙수 효과'를 발휘할 것이다.

필자가 석사과정 재학 유학생을 대상으로 설문 조사를 한 결과, 이들이 가장 어려운 점으로 꼽은 것은 '졸업논문 작성'이었다. 아무리 한국어 실력이 뛰어나더라도 외국인 입장에서 탄탄한 논리와 팩트를 필요로 하는 논문을 쓰기가 쉽지 않은 실정이다. 이는 일반 대학원의 석사학위 논문 제출을 의무화한 고등교육법 시행령(44조)을 외국 학생에게도 적용하기 때문이다.

관련 시행령 개정을 통해 논문 작성 의무 규정을 석사과정 외국인 유학생에 대해서는 탄력적으로 적용하는 것이 필요하다고 본다. 이미 미국 · 유럽에선

추가 학점 이수 등을 통해 논문을 대체하는 제도를 시행하고 있어, 법령 개정의 저항도 크지 않을 것으로 여겨진다. 정원 외 유학생만으로 구성된 학과(부) 개설이 가능하도록 고등교육법 시행령 개정을 추진하고 있는 마당에, 이 사안도 함께 검토해야 할 것이다.

최근 정부의 유학생 정책을 보면 일부 항목에선 수요자가 아닌 공급자 위주의 마인드를 벗어나지 못한 부분이 보인다. 유학생들은 산업적 측면에선 엄연한 '교육 소비자'다. 이들이 원하는 곳에서 공부하고 취업할 수 있게 지원하는 것이 한국을 유학 선진국으로 만드는 첫걸음이 아닌가 싶다.

중앙일보, 2015. 08. 28.

19

후쿠시마 원전 사고 5주기와 원전 비용

“라면, 물 등은 너무 많아 다른 물품이 좋을 것 같습니다.” 2011년 3월 11일 TV에서 일본 후쿠시마 대참사 장면을 목격하고 형언할 수 없는 충격을 받았다. 무역 전공 학생 몇 명과 만나 이웃 국가의 대재앙에 성금이라도 모아 뭔가 도울 수 있는 일을 찾아보기로 했다. 일본 측 NGO로부터 소형 라디오가 필요하다는 말을 전해 듣고, 선사의 도움을 받아 부산에서 소형 라디오들을 일본으로 보냈다. 우리들은 비행기로 건너가 2011년 4월 22일 일본의 한 방송사에서 소형 라디오 박스들을 전달했다.

이런 일을 겪으면서 중·고교 시절 부모님과 해수욕을 즐겼던 임랑 바다에서 바라본, 1971년에 기공되어 가동 중인 고리 원자력 발전소가 떠올랐다. 그리고 원전에 대해 새로운 관심을 가지게 되었다.

2011년 후쿠시마는 쓰나미와 대지진으로 엄청난 사상자가 나오고, 엎친 데 덮친 격으로 원전이 폭발하면서 엄청난 방사능 피해를 입었다. 이달 초 일본 언론사의 발표에 의하면 일본 후쿠시마 현 주민들의 약 70%가 사고 5년이 지난 지금도 방사성 물질에 대한 불안을 느끼는 것으로 나타났다. 그리고 원전 재가동에 대한 질문에는 10%만이 찬성했고 77%는 반대한다고 답했다.

그런데 2013년 9월 후쿠이 원전 4호기를 마지막으로 원전 모두가 가동을 멈췄던 일본에서 작년 8월에 원전이 재가동되었다. 시민들의 반발에도 불구하고 굳이 무리하게 재가동하는 이유는 무엇일까? 사고 이전 일본 전체 전력 수요의 약 30%를 담당하던 원전을 대신할 만한 신재생에너지와 같은 대체 에너지를 당장 마련하는 게 어렵다고 판단했기 때문이다. '원전 제로', 즉 원전 중단에 따른 화력 발전 연료비의 증가가 연간 약 3조 6천억 엔에 달하기 때문이라고 한다.

원전 중단으로 인상된 전기 요금이 제품의 생산 원가를 높여 제품의 가격 경쟁력을 저하시키고, 이는 무역 수지에도 악영향을 미치므로 저렴한 에너지원이 필요하다는 논리다. 요컨대 화력 에너지와 수력 에너지에 비해 원자력 에너지의 생산 원가가 저렴하다는 것을 근거로 원전을 재가동한 것이다.

여기서 한 번쯤 재고해 봐야 할 문제는 '과연 원자력은 비용이 저렴한 에너지원인가' 하는 것이다. 원전 비용은 발전에 직접 소요되는 비용(핵연료비, 건설비, 운전 유지비 등) 및 백엔드 비용(방사성 폐기물 처분 비용, 시설 폐지 비용 등), 즉 좁은 의미의 '발전 비용'만 보고서는 알 수 없다. 원전 비용의 전체적인 틀을 파악하기 위해서는 원전 이용에 부수되어 필연적으로 발생하는 비용을 알 필요가 있다. 이러한 비용은 전력회사가 아닌 사회가 부담하고 있는데 이를 '사회적 비용'이라고 부른다.

원전에는 이 사회적 비용이 굉장히 많이 든다. 원전의 사회적 비용은 정책 비용과 사고 비용으로 나누어진다. 정책 비용은 국가에서 지원하는 연구개발비나 입지 대책 비용 등을 말한다. 예컨대 방사성 폐기물 처분 시설 후보지의 선정은 정말 어려운 과업이다. 이러한 시설이 입지하는 지역에 제공하는 특별 지원금이 입지 대책 비용이다. 이 비용은 어디서 충당되는가.

사고 비용은 다음과 같은 식으로 계산된다. '사고 비용1kWh＝(사고 비용 총액×발생 확률)÷발전량'. 후쿠시마 원전 사태 발생 이전에는 발생 확률을 논의할 때 1억 년에 1번의 확률이니 신경 쓰지 않아도 된다는 주장도 있었다. 하지만 일본이 원자력을 이용하기 시작한 지 약 40년 만에 후쿠시마 원전 사태가 발생했다. 또 방사능은 태우거나 화학적으로 처리해서는 완전히 없앨 수 없다. 고압 세정기로 세척하거나 토지의 표면을 깎아 내는 작업 비용인 제염 비용이 필요하다. 이런 제염 비용까지도 포함한 사고 수습 비용과 손해 배상 비용이 사고 비용에 해당된다.

진정한 의미에서의 저렴한 원전 비용을 위해서 사회적 비용을 줄이는 방법을 강구해야 한다. 그 첩경의 하나는 원전 관련 공급 사슬상의 모든 주체가 원전 사고 발생 확률 줄이기에 동참하는 것이다. 약 3년 전에 발생한 원자력에 들어가는 제어 케이블 시험 성적 위조 사건 같은 일이 사라져야 원전 비용이 낮아지게 됨을 유념해야 한다.

올해는 체르노빌 원전 사고가 발생한 지 30년이 되는 해이기도 하다. 원전에 '안전 · 안심' 말고는 더 이상 어울릴 말이 없다.

부산일보, 2016. 03. 16.

20

우리 대학교명의 영문표기
– 대학발전에 걸맞는 바른 이름 필요 –

논어의 子路(자로)편에 子曰(자왈), 必也正名乎(필야정명호)라는 문구가 나온다. 이는 어떤 일에는 바른 명분이 있어야한다는 뜻뿐만 아니라 실체는 바른 이름을 가져야 한다는 뜻도 지니고 있다. 우리 대학의 영문표기는 우리의 실체를 바로 보여 주고 있는가?

우리 부산수산대학교의 공식적인 영문표기는 The National Fisheries University of PusanNFUP이다. 국제화 시대에 살고 있는 우리로서는 이 영문표기가 우리대학의 실체를 전 세계에 올바르게 나타내주고 있는지 한번 짚어볼 필요가 있다. 외국과의 학술교류가 빈번하고 과거에 비해 외국 유학의 추세가 높아지고 있는 오늘날, 우리 대학의 정확한 영문표기는 대학의 구성원인 모두에게 절실하다 하겠다.

우리 대학 도서관에 비치된 각 대학(교) 요람에 의거하여 조사한 특수분야 전공 대학의 영문표기는 다음과 같다.

경찰대학: Korea National Police College
한국교원대학: Korea National University of Education

한국방송통신대학: Korea Air & Correspondence University
부산교육대학: Pusan Teachers college
한국항공대학: Hankuk Aviation University
한국해양대학: Korea Maritime University
한국과학기술대학: Korea Institute of Technology

여기서 경찰대학, 한국교원대학 및 부산교육대학은 이들의 교육 목표가 경찰직 공무원과 교사 양성이기 때문에 교명상의 경찰, 교원 및 교육을 뜻으로 번역한 것은 타당하게 보인다. 한국방송통신대학은 교육의 방법이 매스컴과 우편제도 등을 이용하는 것이 특징이므로, 방송통신을 뜻으로 번역한 것은 타당하게 여겨진다. 한국항공대학과 한국해양대학은 항공과 해양을 뜻으로 번역하고 있다. 이 두 대학의 경우 항공 및 해양(해사)분야 전공의 학과 수가 전체학과 수에서 차지하는 비율이 아주 높은 실정이므로, 뜻으로의 번역은 여전히 수긍이 간다. 그리고 한국외국어대학교의 영어명은 Hankuk University of Foreign Studies이다. 본래 설치 목적이 외국어 교육이므로 이름이 그렇게 지어졌을 것이다. 그런데 한국"외국어"대학교의 "외국어"가 Foreign Languages가 아니라 Foreign Studies로 번역된 것은, 보다 폭넓은 분야를 이 대학이 커버하고 있음을 세계에 표방하고 있다 하겠다.

우리 대학이 수산분야의 연구를 어느 대학에 비해 가장 중점적으로 그리고 가장 오랫동안 수행해 온 것은 주지의 사실이다. 그러나 1970년대 말경부터 우리 대학은 심화론적(수산분야 중심)발전에서 확대론적(비수산 분야 학과 개설)발전으로 나아갔다고 할 수 있다. 이것은 우리 대학 비수산 분야의 학과가 많은 것을 보면 누구나 알 수 있다.

졸업생이 유학을 위해 혹은 교수들이 학술교류를 위해 우리들이 NFUP란 곳에서 공부를 했거나 근무를 하고 있다고 소개한다고 하자. 영어권 국가에서는 Fisheries를 사전 없이도 그 뜻을 쉽게 이해할 것이고, 비영어권 국가의 담당자들은 혹 영어 어휘 실력이 모자란다면 Collins, Longman 혹은 Webster 사전으로써 fisheries의 뜻을 파악하고는, 우리 대학의 실제 상황을 오해할지도 모른다. 반론자는 다양한 학과에도 불구하고 MIT는 여전히 MIT라고 말할 것이다. 그러나 여기서의 Technology는 이 용어 자체가 지니고 있는 본래의 뜻 보다 폭넓은 느낌을 준다. 기술이 아니라 과학, 기초과학, 첨단기술과학 나아가 사회과학까지도 연상시켜 줄 수 있는 단어라 말하고 싶다.

최근 영국에서는 Polytechnic에 속하는 거의 모든 대학이 교명을 바꾸었다. 영국에는 University와 폴리테크닉 두 종류의 대학이 있다. 모두 학위(박사 학위까지)를 수여한다는 점에서는 동일하다. 다만 University가 이론 중심이라면 폴리는 상대적으로 실무중심이라는 차이가 있다. 영국 내국인뿐만 아니라 외국유학생들도 폴리가 University 보다 실체는 반드시 그렇지 않지만 열등한 것으로 간주하는 경향이 짙었다. 이러한 문제점을 해소하려는 의도에서 교명을 개정한 것으로 여겨진다.

번역이론가인 비크만과 켈로우Beekman and Callow는 네 가지 종류의 번역이 있다고 분류했다. 문자 그대로의 번역hiphly literal, 조금 완화된 문자 그대로의 번역modified literal, 관용어적인 번역idiomatic, 크게 자유스러운 번역unduly free이 그 네 가지이다. 보통 독자들이 큰 거부감을 가지지 않고 읽을 수 있는 것은 완화된 문자 그대로의 번역과 관용어적인 번역이다. 우리 대학교명의 영문번역도 이러한 식으로 행해지는 것이 바람직하다고 본다.

이에 필자가 생각해 본 교명은 다음과 같다.

첫째, National Sussan University of Pusan(관사 The 문제는 차치하고), 부산수산대학교에서 Pusan으로 한 것처럼 "수산"을 고유명사화하여 번역하자는 것이다. 여기서 Susan이 아니라 Sussan이라 한 것은 수전으로 발음될 가능성이 크기 때문이다.

둘째, National Sussan University, 이는 위의 것이(현재도 그러하지만) 상대적으로 길다는 문제를 없애기 위해서이다. 수산대학교의 원조라는 의미도 감안했으며, University 뒤에 학교 주소인 Pusan은 교명이 인쇄되는 용지에 들어가는 것이 상례이므로 큰 지장이 없다고 본다. 짧아서 발음하기 쉽고 기억하기 쉬운 이름이라 하겠다.

셋째, Pusan Sussan University, 이는 National이 누락되었다. 미국의 경우 주립대학은 모두가 state를 붙인다. 그러나 사립대학이 하나 뿐인 영국에서는 National이란 단어가 들어가는 대학은 없다. 현재 우리나라의 거의 모든 국립대학의 영문표기에는 National을 붙이고 있을 뿐 아니라, 우리 대학의 실습선이 외국항 입항시 교명에 National이 없을 경우 여러 혜택이 줄어들지도 모른다는 점에서 그렇게 좋은 이름은 아닌 것으로 생각된다.

마지막으로 "수산"을 발음(고유명사화)에 의거하여 영문표기한 위의 예들에 반해 Fisheries 이외에 해양(산업)에 더욱 가까운 영문표기를 택하는 방안도 있을 것이다. 그러나 Korea Maritime University라는 영문표기를 쓰고 있는 대학이 있어 여러 가지로 생각해 보았지만 좋은 아이디어가 떠오르지 않았다. 하지만 예컨대 National University of Marine Science(Maritime은 해사적인 의미가 강하고 Marine은 해양적인 의미가 강하다는 것이 필자의 주장)는 어떠한지 모르겠다.

아이가 태어나거나, 조그만 가게를 열거나 기업체를 세우거나 심지어 요즘 자동차를 새로 만들어 낼 때, 부모들과 업자들은 좋고 어울리는 이름을 만들려고 무진 애를 쓰고 있다. 교명개정 문제로 떠들썩했던 지난해를 생각할 때 교명개정은 시일이 요구되는 만큼, 먼저 우리 대학의 영문교명의 적절성에 대한 우리 모두의 관심을 촉구하는 바이다. 위에 예를 든 것들이 반드시 옳다는 것이 아니라 필자의 관견일 뿐이라는 점을 밝힌다. 세계속의 우리 대학이라는 위치 정립을 위해 첫걸음으로서 영문교명에 대한 우리들의 주의가 절실히 요구된다. 편의성만을 감안한 "본관, 1호관..., 6호관, 7호관... 100호관(?)"이라는 건물이름에서도 우리들은 이름에 대한 관심이 너무나 낮다는 것을 알 수 있다.

수대학보, 1993. 04. 05.

21
PARK가 아니고 PAK입니다!

나의 이메일 주소에는 mspak가 들어간다. 보냈다는데 수신이 안 되는 경우가 종종 있다. 알고 보니 주소를 mspark로 적어 보냈단다. 전화로 "PARK가 아니고 PAK이니 다시 올바른 주소로 보내주세요"라고 한다. 이 말을 할 때 스타카토 식으로 그리고 높은 음계로 말하느라 목이 아플 지경이다.

신용카드를 발급받고 난 후 카드에 적힌 PARK가 잘못되었으니 PAK로 다시 발급해 달라고 요청한 일도 여러 번 있었다.

오래 전 박씨 성을 가진 유명 여성 골프 선수가 PAK를 쓰는 것을 보고, 너도 따라 하느냐고 절친이 내게 묻곤 했다. 적극적으로 대응하지 않고 그냥 빙그레 웃으며 그냥 나는 이래 써 왔다고만 답했다.

1960년대 후반 내가 중학교에 입학했을 때, 아버지는 내게 선물 2개를 주셨다. 파이롯트 만년필과 영문 이름이었다. 당시는 만년필만 선물로 생각했지만 세월 지나 영문 이름은 선물 이상의 것으로 여기게 되었다.

MyongSop Pak.

우리 나이에, 본인의 영문 이름을 아버지가 정해 주는 경우는 많지 않다. 아버지도 이미 PAK를 쓰고 계셨고, 내게도 PAK라는 영문 이름을 주셨기에, 내 자식들도 모두 PAK를 사용하고 있다. 더군다나 영어학을 전공하시고 부산대학교 영어교육과에 재직하시던 아버지가 지어 준 영문 이름인 만큼, 누가 뭐래도 "PARK가 아니고 PAK입니다!"

이 책에 나오는 사진들은 내가 직접 찍은 사진으로, 그중 그림 사진은 소장 중인 유화와 수채화를 찍은 것들이다. 한때 사진 수업을 받기도 했지만, 많이 부족하다.

아래 사진은 아버지와 어머니의 1956년 5월 결혼 당시의 청첩장 사진이다. 그 당시의 청첩장 양식과 문구를 보니 정말 격세지감을

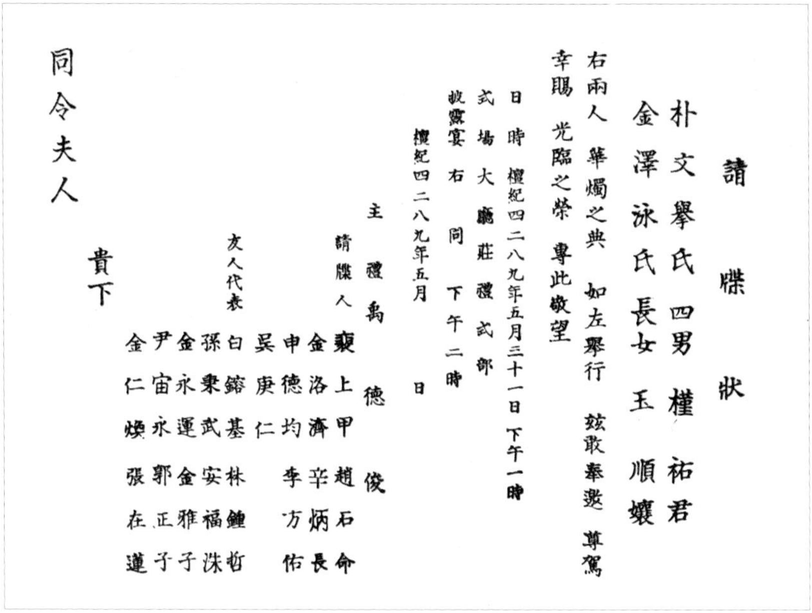
請牒狀

朴文擧氏四男 權祐君
金澤泳氏長女 玉順孃

右兩人華燭之典 如左擧行 玆敢奉邀 尊駕
幸賜 光臨之榮 專此敬望

日時 檀紀四二八九年五月三十一日 下午一時
式場 大廳莊禮式部
披露宴 右 同 下午二時

檀紀四二八九年五月 日

主禮 禹德俊

請牒人
裵上甲 趙石命
金洛濟 辛炳長
申德均 李方佑
吳庚仁

友人代表
白鎔基 林鍾哲
孫秉武 安福洙
金永運 金雅子
尹宙永 郭正子
金仁煥 張在蓮

同令夫人 貴下

느낀다. 아주 오래전에 어머니께서 말씀하셨다. '망망대해에 떠 있는 기선'을 태몽으로 너를 낳았다. 그래서 내가 땅과 바다 그리고 하늘이 있는 지구에 태어나 바다를 좋아하게 되었나 보다.

아버지께서는 부산에서 태어나 6.25 당시의 군 생활과 60년대 미국 유학 생활을 제외하고는 부산을 떠나시지 않으셨다. 부산사범학교 출신인 어머니께서는 내가 초등학교 입학과 동시에 그 초등학교 교사직을 중단한 뒤, 교단을 떠나 내조와 가사에만 전념하면서 부산을 떠나신 적이 없으시다. 구순을 넘긴 아버지와 구순을 앞둔 어머니께서 햇볕 잘 들어오고 광안리 바다가 바라보이는 집에서 건강하게 오래오래 지내시길 바랄 뿐이다.

이 책을 두 분께 바칩니다.

아버지께서는 1970년대 이후 영자신문 Korea Times뿐만이 아니라 여러 곳에 칼럼을 발표하시곤 했다. 그중에서 2013년의 칼럼 1편을 소개하면서 이 책의 마지막을 장식하고자 한다.

고맙습니다!

2021. 10. 10.

22

1661명의 부산 출신 '헌7학도병'을 아십니까

1950년대 말까지만 하더라도 '헌병 7기'라고 하면 부산에선 꽤 널리 알려져 있던 명칭이었다. 육군헌병학교 제7기생은 6·25 전쟁으로 우리 국토의 태반 이상을 빼앗기고 대구·부산·마산 지역을 포함한 최남단 일부만 남아 있던 1950년 8월 28일에 입교(입대)한 당시 6년제 중학교 상급학년생, 즉 현재의 고교생이 대부분이었다.

학생 신분에서 육군 헌병 병과 하사관이 된 이들 '헌7학도병' 1661명은 그해 10월 4일 수료와 동시에 전후방 부대에 배속됐다. 학업을 중단하고 전선에 뛰어든 이들은 군의 기율 확립에 새로운 활력을 불어넣은 엘리트 하사관 집단이었다. 이들은 짧게는 2~3년, 길게는 30년의 현역 복무를 수행, 대한민국을 지켜낸 호국의 일원으로서 당당한 역할을 다했다. 전쟁 중 헌7학도병이 수행한 주요 업적으로 특기할 만한 것은, 비상계엄령 아래 사회질서 유지와 범법행위 단속, 함흥 철수 작전의 수행, 한국은행의 금괴 이송, 전쟁포로 수송 및 수용 관리 등이다. 이들이 훈련받던 육군헌병학교는 그 후 명칭이 바뀌었으나, 헌병 병과의 교육과정은 지금까지 계속되어 헌병 하사관 교육 수료 기수期數는 현재 1007기에 이른다.

1000기가 넘은 헌병학교 기수 가운데 7기생의 특수성은 부산이란 단일 지역 내 12개 중학교에서 모인 학생들이 단일 병과, 동일 기수의 학도병으로 동시에 참전했다는 점으로 이는 전무후무한 사례다. 이런 배경을 바탕으로 이들은 '헌7학병동지회'라는 이름으로 남다른 유대와 결속을 오늘까지 이어오고 있다.

지난 2000년 회원들의 자비로 부산 어린이대공원에 건립한 '헌7학병 1661명 6 · 25 참전기념비'에는 헌병학교 7기 수료자 전원의 이름이 새겨져 있다. 해마다 이 기념비 앞에서 6 · 25 기념행사를 거행하며 헌7학도병의 내력을 알리고, 젊은 세대에게 조국 수호의 숭고한 정신을 고취하는 데 일조해 왔다. 올해도 어김없이 이 기념비 앞에서 헌7학도병의 참전 63주년을 기념하고 호국 영령을 추모하는 행사를 거행한다. 63년이란 세월이 흐르는 사이 17~19세 홍안의 소년들은 이제 80~83세 백발 노골이 되었고, 옛 학우이자 전우의 80% 이상이 타계했다.

그러는 동안 세상은 농경시대에서 산업화를 거쳐 정보화 시대로 이행했다. 건국－호국－산업화－민주화－선진화의 역사 속에서 우리 헌7학도병 1661명도 호국의 역군이었음은 자각하고 자긍할 만하다. 소년에서 백발까지 평생을 함께한 헌7학도병 동지들의 건승을 기원한다.

박근우, 헌7학병동지회장 · 前 동의대 총장

조선일보, 2013. 06. 21.

저자약력

박명섭

- 부산 출생, 경남고 졸업(1975)
- 성균관대학교 무역학과 학 · 석 · 박사과정 수료(ABD)
- 영국 리버풀대학 경제학과 Ph.D.
- 미국 USIS 초청 Summer Institute for U.S. Economic and Public Policy for Foreign University Teachers 과정 수료
- 부산수산대 및 부경대 교수(1985.3~2002.2)
- 일본 코베대학 경영학부(Japan Foundation Fellow)
- 성균관대학교 무역연구소 소장
- 경제인문사회연구회 기획평가위원 · 연구윤리위원
- 대한상사중재원 중재인
- 기획재정부 공공기관경영평가위원
- 해양수산부 중앙항만 정책심의회 위원
- 민주평화통일자문회의 상임자문위원
- 한국해양비즈니스학회장
- 한국무역학회장
- 현) 성균관대학교 글로벌경영학과 교수

저서

무역학원론(법문사, 1986), 국제해운론(법문사, 1996), 해상보험(우용, 2008), 글로벌무역의 이해(아카데미프레스, 2010), 무역계약의 이해(우용, 2011), 국제물류의 이해(법문사, 2011), 녹색무역의 이해(성균관대출판부, 2012) 외 다수

번역서

국제경제사(형설, 1985), 교통경제학(한국학술진흥재단번역총서 57, 대광문화사, 1988), 서비스 무역(비봉, 1993), 국제수산자원(수협 수산경제원, 1995), 대공황의 세계(부키, 1998), 전자결제 시스템의 구조(부키, 2000), IT와 물류가 만났을 때(시대의 창, 2000), 영어로 경영하는 시대(우용, 2002), 영문국제계약(실무)(우용, 2004), 영문 비즈니스레터 & E－메일 작성법(우용, 2005), 영문 계약서 작성의 키포인트(아카데미프레스, 2007), 앙케트조사와 통계해석(우용, 2008), 물류관리론(우용, 2009), 전략물류(아카데미프레스, 2010), 탄소배출권: 거래와 시장(아카데미프레스, 2011), 녹색공급사슬의 설계와 구축(우용, 2011), 글로벌경쟁 유교경영으로 뛰어 넘어라(아카데미프레스, 2012), 글로벌시대의 전략적 협상－이론과 방법(아카데미프레스, 2015), 농업과 인간 식과 농의 미래를 생각한다(아카데미프레스, 2015), 원전은 결코 저렴하지 않다: 원전 비용의 진실(아카데미프레스, 2015), 비즈니스윤리(아카데미프레스, 2016), 남중국해: 아시아의 패권투쟁(한국해양수산개발원, 2016), 비즈니스 스쿨에서 배울 수 없는 세계 최첨단 경영학(아카데미프레스, 2016)

논문

석사: 편의치적제도와 관련한 한국 외항해운정책에 관한 연구, 성균관대, 1982

박사: Participation of Developing Countries in World Shipping, Univ. of Liverpool, 1991

SSCI논문: 10편, KCI논문: 150여편, 일본어논문 및 중국어논문 다수

[산문집]
생각의 바다·바다의 생각

2021년 11월 10일 초판 인쇄
2021년 11월 20일 초판 1쇄 발행

저 자 박 명 섭
기획·지원 (사)한국해양통상무역연구원
발 행 인 배 효 선
발행처 도서출판 法 文 社

주 소 10881 경기도 파주시 회동길 37-29
등 록 1957년 12월 12일 / 제2-76호 (윤)
전 화 (031)955-6500~6 FAX (031)955-6525
E-mail (영업) bms@bobmunsa.co.kr
(편집) edit66@bobmunsa.co.kr
홈페이지 http://www.bobmunsa.co.kr
조 판 법 문 사 전 산 실

정가 20,000원 ISBN 978-89-18-91253-0

이 책의 인세 수입은 (사)부산사람 이태석 기념사업회에 기부됩니다.